最強の身体能力

プロが実践する脱力スキルの鍛え方

中野 崇
スポーツトレーナー／理学療法士

かんき出版

はじめに

「スポーツの世界でハイパフォーマンスを発揮できる選手とそうでない選手、その違いはどこにあるのか？」

この問いに向き合ったことがない選手、指導者はいないと思います。

私自身、アスリートのパフォーマンス向上をサポートする立場になってから、この問いが頭から離れたことはありません。

世の中にはいろいろなトレーニングがあります。

どんなトレーニングを選ぶかは人それぞれ理由があると思いますが、トレーニングに求めることは、**ケガをしないこと、パフォーマンスが向上すること**の2点に集約されるのではないでしょうか。

それにもかかわらず、筋骨隆々になるほどトレーニングしてもケガに悩まされたり、パフォーマンスが伸びなかったり、という現実はもう何十年も続いています。

そんな現実を打破すべく、私はケガなくハイパフォーマンスを発揮し続ける選手たちを徹底して分析してきました。

そして、そのような選手たちに明確な共通点があることを見出しました。

ケガに悩まされることなく、ハイパフォーマンスを発揮できる選手の共通点、「最強の身体能力」とはどのようなものなのか?

その答えが、**本書のテーマである「脱力」**にあります。

私自身もケガに泣かされた競技人生

少し私自身の話をさせてください。

私は中学から大学まで野球部に所属し、投手や外野手としてプレーしてきましたが、常に肩やひじのケガに悩まされました。

スポーツ整形外科や整体、整骨院などに通い続けましたが、なかなか治ることはなく、仕方なく筋肉を鍛える方向へと転換しました。

トレーニングを重ね、**体格が変わるほど筋力は強くなりましたが、結果と**

してはケガの悩みから解放されることはありませんでした。

「力を入れるトレーニング」ばかりやることに疑問を感じ始めたのがこの時期でした。

大学ではバイオメカニクスを学びながら教員資格を、その後進学して理学療法士の資格を取得しました。

そして、現在までスポーツトレーナーまたはフィジカルコーチとして、プロ選手を中心にさまざまなジャンルのアスリートをサポートしてきましたが、専門家として改めて確信したのは、**筋力トレーニングに代表される「鍛える系」のカリキュラムが必ずしもパフォーマンスの向上を約束するわけではない**、ということです。

鍛えに鍛えた選手がケガを繰り返すようになったり、パワーはついたがパフォーマンスは低下したり、そんなケースを嫌というほど目の当たりにしてきました。

本気でスポーツに向き合っている選手がケガで悩む姿は見ていてとてもつらいものです。スポーツ選手が完全に復帰しようとする場合、リハビリはたいてい凄絶なものになります。

私にとってそういった光景は、体格が変わるほど鍛え上げたにもかかわらず、ケガとリハビリを繰り返す苦しみから解放されなかった自分と重なって見えるのです。

もちろんケガやパフォーマンスの発揮はケースバイケースですから、短絡的に原因と結果の関係を語ることはできません。ですが、「鍛える系」カリキュラムで伸び悩んだ選手たちに共通していることとして、「力を抜くのが苦手である」ということだけは確かです。

本書では、

■力の抜き入れをスムーズに自由自在に行う技術＝**脱力スキル**
■脱力スキルを身につけるトレーニング＝**脱力トレーニング**

と位置づけ、あらゆる競技に役立つトレーニング方法を紹介します。これらは私がプロ選手を指導する際に実際に行っているものです。

なお、詳しくは後述しますが、脱力トレーニングでは特に身体の動きの根幹をなす、**①肩甲骨、②背骨、③股関節**の動きをよくするトレーニングを行います。

これらにより得られる、脱力スキルを身につけるメリットは４つ。

■**１　力の抜き入れが精密にコントロールできるようになるため、身体操作性が高まる**
■**２　イメージした動きと実際の動きのギャップが小さくなる**（競技技術の

習得が早くなる）

■3　**連動性の向上により、力の伝達効率が上がり大きなパワーが出せる、ケガや疲れ、不調を起こしにくくなる**

■4　**伸張反射が出現しやすくなり、大きなパワーが出せる**

本書を手に取った方は、スポーツ系の部活動をしている学生や趣味でスポーツを続けている社会人などアマチュアとして、あるいはプロフェッショナルとして、日常的にスポーツをしている方も多いと思います。

これまでにもさまざまなトレーニングを試してきたと思いますが、脱力スキルが身につくことで、現在取り組んでいるトレーニングの効果が向上することも期待できます。

脱力スキルは単体で行うのではなく、**強化系のトレーニングと組み合わせることでさらに相乗効果が期待できる**、まさに「最強の身体能力」をつくる第一歩です。

ぜひ、ふだんのトレーニングルーティンに取り入れてみてください。そして日常の動作でも脱力する感覚を大切にしてみてください。

きっとこれまでとは一味違う感覚を得られると思います。それこそが、パフォーマンスアップへの入り口です。

スポーツトレーナー／理学療法士
中野崇

この本を読み始める前に、考えてほしいこと

みなさんは、力を抜くのは得意ですか？

私はふだん、多くのプロ選手たちに対してパフォーマンスアップを目的としたトレーニング指導を行っていますが、**選手たちの悩みの大半は、「力を入れるのは得意だが抜くのが苦手」**というものです。

■**動作の中で力を抜くべきところで抜けない**
■**過剰に力んでしまう**

そのせいで高いパフォーマンスが発揮できなかったり、ケガをしてしまっ

たり、プロであっても多くの選手がそんな悩みを持っているのです。

ですが、うまく力を抜けないことに選手自身が問題意識を持っていても、**どうやって「力を抜く能力」を鍛えればよいのかがわからない。**

そんな選手たちが私にトレーニングの指導を依頼してきます。

なぜプロ選手は力を抜こうとするのか？

ではなぜ、プロ選手たちは力を抜くことを意識するのでしょうか？

試合や練習で、「力をもっと入れろ」と言われるよりも、「もっと力を抜け」「もっとリラックス」と言われることが多いのはなぜでしょうか？

試合後の勝利インタビューで、「うまくリラックスできました」「力みを抜くことを心がけました」という選手がたくさんいるのはなぜでしょうか？

実際にプロ選手たちは、**パフォーマンスを発揮しようとする直前に身体を揺すって緊張を解除（脱力）しようとします。**

トップアスリートなら、なおさらです。しなやかな動きだけでなく、パワーを出すときにも必ず一度力を抜いた状態をつくろうとします。

このことは、

■**身体が緊張して固まっていたら、高いパフォーマンスは発揮できないこと**
■**強い力を出すには、力を抜いた状態からスタートしなければならないこと**

を選手たちが感覚的にわかっていることを示しています。

本書のタイトルは『最強の身体能力』です。「最強」という言葉から、みなさんは筋骨隆々の肉体をイメージしたかもしれません。

しかし、**筋力が強いこととパフォーマンスが高いことはイコールではないし、筋力が強いからといってケガをしないわけでもありません。**

もうおわかりかもしれませんが、「最強の身体能力」と「脱力」は切っても切れない関係にあります。

脱力は「センス」ではなく、「スキル」である

しかし残念ながら、力を抜くことは、口で言うほど簡単なことではありません。

だからこそプロ選手たちも自分のパフォーマンスを上げるための課題として「脱力」を掲げます。

このように解説すると、上手に脱力できるかどうかは〝天性のセンス〟的な扱いを受けやすいのですが、そんなことはありません。

「脱力」は能力であり、能力である以上は適切なトレーニングによって必ず向上します。

その方法を本書であますところなく解説していきます。

目次

第1章　人は無意識に〝緊張〟している

第2章

「脱力スキル」が動ける身体をつくる

第3章

「脱力トレーニング」をはじめよう

〈初級編〉

フェーズ1

COLUMN

第4章

「脱力トレーニング」の核心を知る

〈発展編〉

フェーズ3

トレーニング動画を見るには

「動画はこちら」と記載されているトレーニングは、
動画で実際の動きを確認することができます。
本書の解説とあわせて、
リアルな動きや動作のスピードなどを確認しながら、
一緒にやってみてください。

動画の見方

1 二次元コード認証アプリを立ち上げ（お持ちでない場合はダウンロードしてください）、二次元コードを読み取ります。

2 リンク先の動画を再生し、視聴します。

※動画ならびに動画掲載ページは、予告なく変更および中止する場合がございます。あらかじめご了承ください。
※機種によっては動画を再生できないこともあります。

デザイン／華本達哉（aozora）
イラスト／カズモイス
撮影／島本絵梨佳
衣装協力／ニューバランスジャパン
校正／鷗来堂
ＤＴＰ／佐藤史子
取材協力／大正谷成晴
編集協力／峰岸美穂

第1章

人は無意識に“緊張”している

1

ケガや不調の原因とは？

これまでにスポーツをしたことがある人なら、次のようなことで悩んだ経験があると思います。

「一生懸命鍛えたのに、本番で思ったとおりのパフォーマンスが発揮できない」
「筋トレやストレッチを入念に行っているのに、身体に痛みなどの不調が出やすい」
「なぜかよくケガをしてしまう」
「ケガが治っても、またすぐに再発しがち……」

プロフェッショナル、アマチュアを問わず、スポーツで結果を出すには、競技の技術を磨くだけでなく、自分の肉体そのものを鍛えることも重要です。

しかし、多くのアスリートにとって同じくらい、もしくはそれ以上に必要なのは、「脱力」の能力とそのためのトレーニングです。

なぜなら、**本番でパフォーマンスを発揮できなかったり、ケガをしたりするのは、身体の緊張、つまり「力み」が強く関係する**からです。

スポーツに限らず、重要な試験や人前で話すときなど、いわゆる「失敗できないとき」、私たちの心身は緊張によって自由な動きや思考を失いがちです。

その中で特に身体の自由な動きを妨げるものが「身体の力み」です。

身体の力みには、①自分では力んでいることが自覚しにくい状態、もしくは②力みを抜こうとしても抜けない状態の両方があります。

身体の力みは、プロ選手でもうまく抜くことに苦労するぐらい、やっかいなものです。

「二足歩行」とともに人間が失ったもの

では、私たちの身体が力みやすい理由を解説しましょう。

理由1 二足支持を保つため

一つは今さら言うまでもありませんが、二足歩行が原因です。

私たちの身体には垂直方向、つまり頭から足へと縦方向に、常に重力という強い力がかかり続けています。

しかも頭の重さは成人で体重の約10％。それほど**重いものを支えながら非常に不安定な二足支持で姿勢を保って移動するために、身体には緊張状態が求められます。**

肉体を緊張させることの根本は、重力に抗って姿勢を保持することにあります。つまり、私たちはそもそも力むほうが簡単なのです。

二足歩行の獲得により、両手が自由になったことで知能が発達し、高度な文明を築くことができたのは歴史や生物の授業で学んだとおりです。

両手が身体を支える役割から解放されたことは、物を高速で投げるなどの運動、ひいては狩りやスポーツを生み出す前提となりました。

しかしそれと同時に、四足歩行のときには当然あった、**バランスの安定を前提とした身体（特に背骨）のしなやかな動きを手放す**ことになりました。

その結果、肩甲骨や背骨、股関節の連動性が失われやすくなり、それを補うための身体の力みも生じやすくなったのです。

理由2 ストレス社会では緊張状態がスタンダード

ご存じのとおり、現代はストレス社会です。

外的な刺激や人間関係など、現代人は常に周りからプレッシャーやストレスを受ける環境に身を置いています。**緊張状態がもはやスタンダード**になっていると言ってよいでしょう。

脳が受けたストレス情報が神経を通して筋肉を緊張させたり、自律神経が乱れてさまざまな不調が起きたりするのも、みなさんご存じのとおりです。

さらに、理由3として多くのトレーニングが「鍛える系」のトレーニングに偏っているという問題が挙げられますが、これについては後の章で解説します。

まずは、私たちが**日頃から緊張を強いられやすい状態にある**ということだけ知っておいてください。

第一の弊害
「身体の力み」がもたらす

身体の力みは、知らず知らずのうちにパフォーマンスの不調を引き起こしたり、ケガを誘発したりするため、解決策が見つけにくくなる傾向にあります。

「身体の力み」が具体的にどのような影響を及ぼすのか、代表例を挙げましょう。

弊害1 頭でイメージしたとおりの動きができない

本書を手に取ったみなさんは、自分の取り組んでいるスポーツでパフォーマンスを上げたい人、身体のメカニズムに興味がある人、自分の身体になんらかの不調を抱えている人がほとんどだと思います。

身体を動かすとき、私たちは目に見える動きだけに注目しがちですが、たとえば

「走る」というシンプルな動き一つをとっても神経、筋肉、骨、意識が複雑に絡み合って動いています。

野球のバッティングの動作を見てみましょう。

ボールをとらえ、打ち返すまでにバッターは次のような一連の動作をしています。

①ピッチャーのフォーム・腕の振り・ボールの軌道から、到達タイミングとコースを予測する

②予測に合わせてスイングのタイミングを指令

③軸脚の足部で体重を感じつつ、軸脚、特に股関節・骨盤周りの筋肉を中心としてスイングの準備状態を形成

④その状態を保ちつつ、重心移動し前脚を踏み出す

（このとき腰が早期に回り始めないように制御する力を発揮。この力の拮抗状態を「割れ」といい、パワーとタイミング調整の両方に深く関与します）

ボールを打とうとするとき、何が起こっているのか？

1 ピッチャーのフォーム・腕の振り・ボールの軌道から、到達タイミングとコースを予測

2 予測に合わせてスイングのタイミングを指令

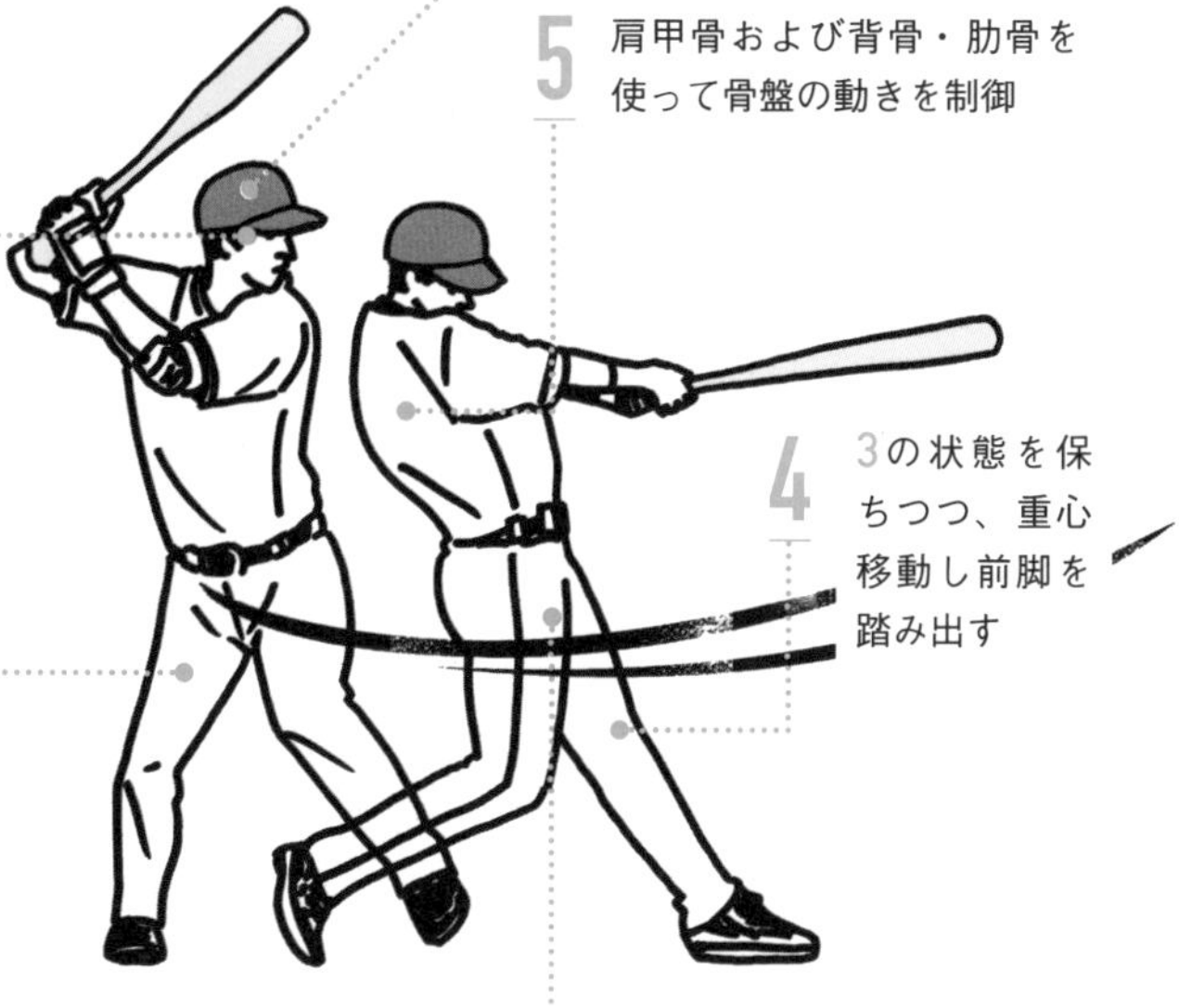

3 軸脚で体重を感じつつ、股関節・骨盤周りの筋肉を中心にスイングの準備状態を形成

4 3の状態を保ちつつ、重心移動し前脚を踏み出す

5 肩甲骨および背骨・肋骨を使って骨盤の動きを制御

6 股関節の動きを起点として骨盤・背骨を急回旋させつつ、それを両肩甲骨から腕へと伝達させ鋭いスイングを放つ

※都合上、流れで表現していますが、かなり短時間に実行されることなので
時間的に重なっている動作だと考えてください。

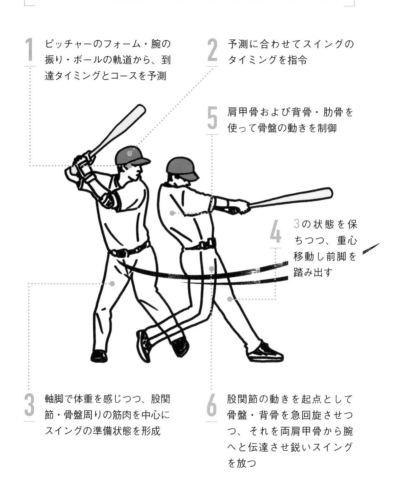

⑤肩甲骨および背骨・肋骨を使って骨盤の動きを制御

（急回旋の準備状態でもあります）

⑥おもに股関節の動きを起点として骨盤・背骨を急回旋させつつ、それを両肩甲骨から腕へと伝達させ鋭いスイングを放つ

バッティング一つをとっても、腕だけでバットを振るのではなく、腰（股関節）や下半身（両脚）、さらには肩甲骨、腕が連動し、コースとタイミングに対応しつつ鋭いスイングが実現しているのです。

感覚センサーの感度が鈍るとどうなるか？

サッカーやバスケットボールでも同様です。

脚を使ってボールを蹴るだけではキラーパスや正確なシュートを打つことはできませんし、腕だけでパスの位置やボールの勢いを調整することもできません。

私たちはよく、運動ができる人のことを「運動神経がいい」、もしくは「センスがある」と言いますが、脳からの指令（神経伝達）を身体で的確に再現できるからこそ、ハイパフォーマンスにつながるのです。

「身体の力み」があると、脳からの指令がスムーズに伝達されなくなり、頭でイメージしたことを時間的・空間的に高い精度で再現するのがむずかしくなります。

この状態で「練習が足りないからだ！」と努力を重ねても、残念ながら効果的な解決策にはならないことがほとんどです。

弊害2 ケガや不調を起こしやすい

私たちの身体には筋肉の伸び縮みや緊張状態、皮膚感覚といった、**身体の状態を感覚として教えてくれるセンサー**※**が備わっています**。

たとえば、自分の脚がどの方向に、どれぐらい伸ばされているのかは、目で直接見なくてもある程度わかるのではないでしょうか。これはセンサーが働いているからです。

日常の動きも含めて、私たちはこのセンサーからの信号を利用して動作を形づくっています（トップアスリートはこの精度が非常に高く、ほとんどの人がわからないぐらい小さな角度の違いを鋭敏に感じ取ることができます）。

たとえばフィギュアスケートでの美しい手足の動きや、手をどれだけ伸ばせば（足をどれだけ踏み込めば）ボールをキャッチできるかなどの「感覚」は、このセンサーの働きがもとになっています。

身体の力みは、このセンサーの感度を鈍くしてしまいます。

センサーの感度が低下すると、自分自身がどういう状態にあるかというフィードバックの精度が悪くなるので、おのずと身体の反応は鈍くなります。


さらに問題なのは、**センサー感度が低下するとケガを誘発してしまうことです。**

たとえば肉離れは筋肉の力を抜くとき、すなわち筋肉が伸びないといけないときにうまく力の抜き具合が調整できずに、筋線維が断裂するのが基本的な原理です。

脳や脊髄から「伸びましょう」という伝達が入ったとき、瞬時に脱力し、筋肉の緊張が抜ける選手はケガをしませんが、そうでないと肉離れを起こしてしまいます。

このさじ加減を握っているのもセンサーなのです。

※このセンサーを専門的には体性感覚と呼びます。もう少し詳細に筋紡錘や圧受容器などという組織もあるのですが、それらも含めて「体性感覚」と呼称しています。

スポーツ選手に限った話ではない

センサーの感度が重要なのは、スポーツ選手に限りません。たとえばこんな経験はありませんか?

- **自分では足をしっかり上げて歩いているつもりだったのに、なにもない平坦な道でつまずいてしまった**
- **まっすぐ立っているつもりなのに、写真で見ると傾いていた**
- **気づいたら肩や腰が緊張していた**

さまざまな原因が考えられますが、こういったことに身体の力みが大きく関与している可能性は高いといえます。

実は怖い！「浅い」呼吸

最後に3つめの弊害について解説します。

弊害3 呼吸が浅くなり、さらに緊張を高める

ご存じのとおり、肺には筋肉がないので、自ら膨らんだり、しぼんだりすることができません。そのため、私たちが呼吸をするときには**肋骨やその周囲にある筋肉、そして横隔膜を動かすことで空気の出し入れをしています。**

横隔膜が収縮して下がると、胸郭（肋骨などで囲まれた部分）が膨らみ、肺の中に空気が入って息を吸うことができます。反対に、横隔膜が緩んで上がると胸郭がしぼみ、肺の中の空気が出て息を吐くことができます。これが呼吸のしくみです。

横隔膜を動かせるメリットとは？

ストレスにさらされている現代人は、さまざまな原因による緊張によって横隔膜や肋骨の動きが制限され、「呼吸が浅い状態」にあります。

浅い呼吸状態だと酸素を取り込む能力が低下して、疲労回復能力が落ちます。さらに副呼吸筋といわれる肩や首の筋肉を使って呼吸しようとすることで、肩こりなどを引き起こします。

呼吸が浅い状態とは、簡単にいうと、気持ちよく深呼吸ができない状態です。**吐くときに吐ききれない感じや、吸うときに詰まる感じがあれば要注意**です。

また、詳しくは第2章で解説しますが、深い呼吸をすることで横隔膜や腹横筋、骨盤底筋群、多裂筋（この4つを合わせてインナーユニットといいます）を働かせ、腹圧を高めることができます。

腹圧とは腹腔内部にかかる圧力のこと。これを高めることができれば、**筋肉に頼らずともコルセットのように体幹を安定させることができます。**

呼吸時の胸腔の動き

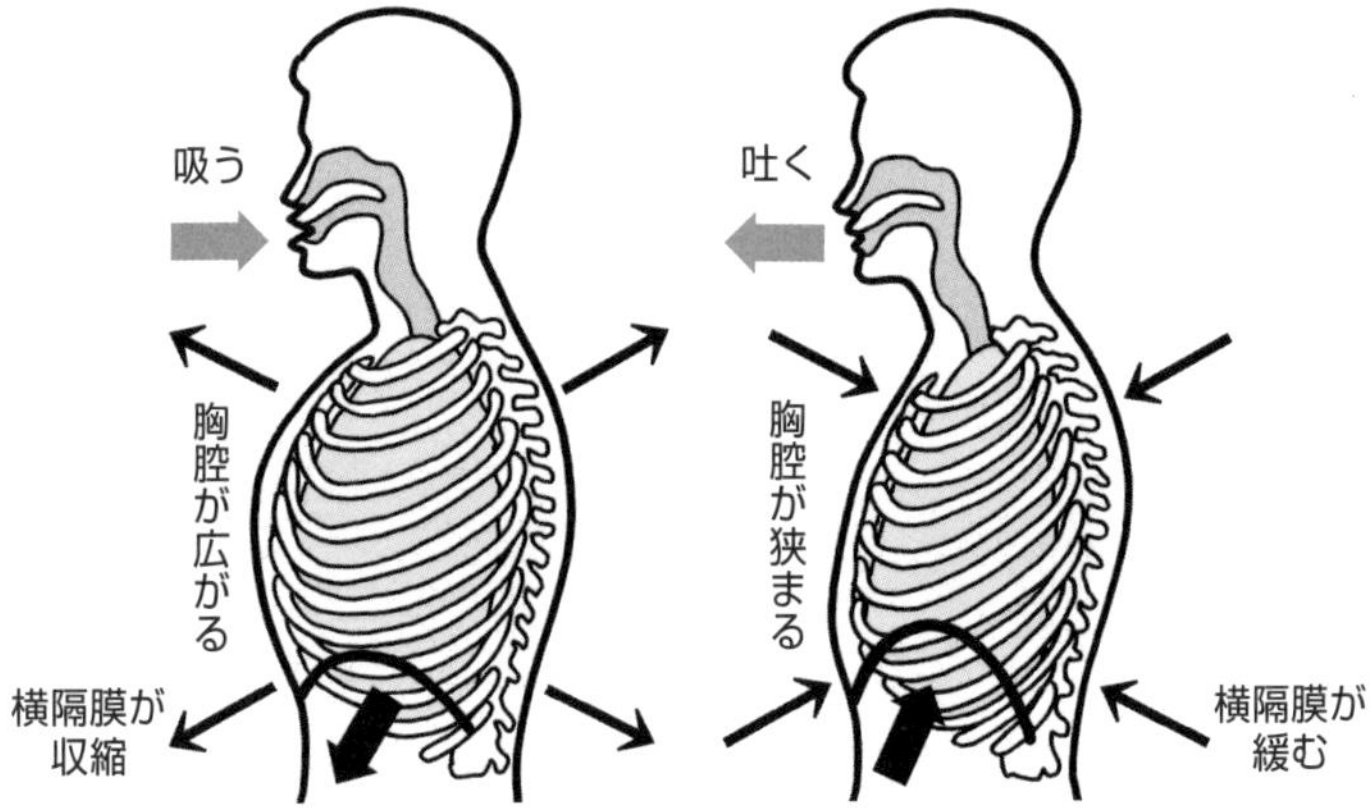
吸う
吐く
胸腔が広がる
胸腔が狭まる
横隔膜が収縮
横隔膜が緩む

息を吸うとき → 横隔膜が縮んで下がる（肋骨が閉じて下がる）
息を吐くとき → 横隔膜が緩んで上がる（肋骨が開いて上がる）

また、腹圧により体幹が安定することで、腕や脚を動かす際の土台としての機能が向上します。つまり、腰などに過剰な緊張を生み出すことなくしなやか、かつパワフルな動きができるメリットが得られるようになるのです。

このように、息の吸い方・吐き方は一般的に考えられている以上にパフォーマンスに影響します（精神面への影響も含む）。そのため、呼吸法をトレーニングに取り入れるアスリートは多く、私自身も非常に重視しています。

必要なのは「操作性」の高い身体

大事なことなので繰り返しますが、スポーツにおいては、身体の力みをいかに解き放つかでパフォーマンスが変わってきます。

アスリートの場合、身体が力んでしまうことで必要なタイミングで必要な力を出せないことは、致命的なウイークポイントになります。

身体が固まったままの状態から大きな力を出したり、素早く動き出したりすることは、身体の特性上、とてもむずかしいことだからです。

たとえば、トップアスリートたちがボールや対戦相手の動きに素早く反応するための構えを思い浮かべてみてください。どの競技でもかまいません。

野球のバッターやサッカーのゴールキーパー、そしてバドミントンやテニスなど、高い反応速度を要求される際の構えとして共通していることは、全身もしくは身体の一部を必ず小さく揺らしていることです。

この特徴はトップアスリートで顕著に見られ、逆に初心者に近づくほど身体のあちこちを緊張させ、固まったまま構える傾向が強くなります。

お伝えしたように、人間の運動の特性として、すでに力を入れた状態からさらに力を入れるというスタイルでは大きなパワーは出せません。筋肉の特性上、緩んだ状態から急激に収縮することで大きなパワーを生み出すからです。

だからトップアスリートほど、**パワーを出す直前に身体に潜む余分な力みを限界まで排除しようとする**のです。

さらに、身体の力みが生じると、**関節の滑らかな動きを妨げます**。滑らかな動きとは、しなやかな動きはもちろんのこと、瞬時に固定と解除を切り替えられることも含みます。

身体が連動するときや力を伝達するときは、この滑らかな動きがベースとなっており、身体の力みが強ければ強いほど操作性は低下します。

身体の緊張状態がコントロールできず、姿勢や構え、動きの中でうまく脱力できなくなることが身体機能、そしてパフォーマンスにネガティブな影響を与えることを知っておいてください。

これらのことは、**素早く動いたり、強烈なパワーを発揮したりする際には、その前提として脱力の〝スキル〟が必要だ**ということを表しています。

「スキル」と表現するのには意味があります。なんでもかんでもとにかく脱力すればいいということではなく、必要なときに自分で脱力をコントロールするための技術、だから「スキル」なのです。

スキルなので、しっかりトレーニングすれば必ず向上します。

第2章

「脱力スキル」が動ける身体をつくる

2

「脱力」するとはどういうことか?

本章では「脱力」の基礎や、そこから発展した「脱力スキル」「脱力トレーニング」について解説していきます。

ではその前に、ここでもう一度、脱力スキルが向上することで得られるメリットを確認しておきましょう。

脱力スキルを身につける4つのメリット

■1　力の抜き入れが精密にコントロールできるようになるため、身体操作性が高まる

■2　イメージした動きと実際の動きのギャップが小さくなる

（競技技術の習得が早くなる）

■3 **連動性の向上により、力の伝達効率が上がり大きなパワーが出せる、ケガや疲れ、不調を起こしにくくなる**

■4 **伸張反射**（詳細は55ページ）**が出現しやすくなり、大きなパワーが出せる**

脱力スキルは**「数値的にこれを達成すればOK」という性質のものではありません。**力の抜き入れの程度調整やタイミングの調整に、ゴールはないからです。

だからこそ、今より少しでもこの能力が向上するように日々の積み重ねが大切です。

脱力といっても、単に力を抜けばいいわけではありませんし、ストレッチやマッサージなどで筋肉をほぐすことでもありません。

「素早く・適切な部位に・適切な度合いで、自由自在に力の抜き入れができるようになる」ことに脱力スキルとそのトレーニングの肝があります。

必要なときにいつでも大きな力を入れられるために、直前まで身体を適切な脱力状態（余分な緊張を解いた状態）にしておける。そんなイメージです。

サッカー選手は一瞬で加速するために脱力する

まずは実際のプロスポーツ選手を例に、「脱力スキル」について解説していきましょう。これで脱力のなんたるかを少しご理解いただけるはずです。

現役のプロスポーツ選手の中でも、リオネル・メッシ選手やアーリング・ハーランド選手は特に脱力スキルに長けています。両選手ともに、厳しいマークをかいくぐるように一気にドリブル突破して、ゴールを量産するトッププレーヤーです。特に相手選手を完全に置き去りにするような急加速が特徴的です。

彼らがドリブルするとき、特に急加速する際の動き方には興味深い共通点があります。**一気に加速する際に、とにかく上半身に力みがないこと、そして落下を利用した加速スタイルを使っている**ところです。落下をきっかけとした加速スタイルとは、抜

サッカーの一流選手が急加速する仕組み

1 上半身に力みがない
2 相手を抜こうとする際に一瞬ストンと体を落とす
3 落下をきっかけに急加速がかかる
4 一気にドリブルで突破
5 相手を置き去りに

よって…

一気にドリブル突破できる

落下をきっかけとした急加速は相手に読まれにくく、
特にサッカーなどの対人スポーツではチャンスを生みやすい。

き去る際に一瞬身体を低くして加速する動きを指します。

この落下はもちろん小さな動きではありますが、急加速を実現するためにはとても重要な意味があります。加速初期（動き出し）は非常に大きなパワーが必要となりますが、落下をきっかけとした加速が使えると、落下による位置エネルギーから運動エネルギーへの変換システムが利用できるのです。

ちょっとむずかしい表現になってしまいましたが、つまり、**ほんの一瞬ストンと身体を落とすと加速するときに必要なパワーが得られる**ということです。そうすることで脚に大きな力を入れなくても加速できますし、そういった加速パターンは相手から読まれにくいという特徴も持ちます。

だからこそ、この落下をきっかけとした加速（落下トリガーといいます）が使えることは、ハイレベルなパフォーマンスを発揮するための必須条件なのです。このほんの少しの落下こそが、脱力スキルの能力差としてパフォーマンスに影響する部分です。

彼らがドリブルやスプリントで急加速するシーンを、動画サイトなどでぜひチェックしてみてください。見ていると違いがわかってくるはずです。

ピッチングの肝は下半身の力を指先まで伝えること

ほかの競技でも、脱力はパフォーマンスに深く関与します。

野球のピッチャーが軸脚一本で立ち、もう一方の脚を踏み出していくという不安定なシーンでも、できるかぎり脱力することが必要です。なぜなら直後に骨盤、そして背骨を急激に回旋するパワーを発揮するためです。

ピッチングは下半身でつくった力を手の指先、そしてボールまでいかにロスなく伝えるかがキーポイントです。

下半身から指先に向かって力を伝達していく際に、**前ももや腰、そして肩周りに力みがあると、関節の滑らかな動きが阻害されるなど、力の伝達にロスが生まれます。**

そのためトップアスリートは、筋肉が急激に伸ばされた信号によって直後に急激に縮む反射現象である伸張反射（55ページ）を腕や脚の加速にうまく利用しています。
そして、肩甲骨周りや腕全体は、伸張反射を使うためにさらに深い脱力が要求されます。

格闘技であっても脱力が必要

また、格闘技では、相手の攻撃を避けることと自分の攻撃を当てることを同時に行うという、かなり難易度の高いタスクが要求されます。

格闘技の選手たちは、目の前の相手から**高速で繰り出される攻撃に対しての反応を極限まで速くするために**、そして**できるかぎり素早く、かつ強烈なパンチを繰り出すための**状態として、できるかぎり脱力した状態で構える技術を磨きます。

一流のピッチャーが速いボールを投げられる理由

2 骨盤や背骨を急激に回旋することでパワーを生み出す

3 下半身でつくった力を手の指先、ボールまでロスなく伝える

1 軸足一本で立ち、もう一方の足を踏み出しながらできるだけ脱力

よって…

速度と制球をコントロールできる

前ももや腰、肩周りに力みがあると、
関節の滑らかな動きが阻害され、力の伝達ロスになる。

実際に出力されるパワーと「力感」にはギャップがある

続いて、脱力スキルを向上していくうえで重要となる、実際に発揮されるパワーと「力感」のギャップについて少し説明します。

私たちの身体には、**力を入れれば入れるほど力は伝わらないという、ちょっと困った性質があります。**

たとえばボールを投げるとき、思いっきり力を入れたのに全然スピードのあるボールにならなかったり、思いっきり踏ん張っているのに簡単にバランスを崩してしまったり、という経験はありませんか。

このように「自分が出している」と感じている力と、「実際に出せている」パワーの間にはギャップが生まれることがあります。

たとえば速いボールを投げるときなど、私たちが大きなパワーを出そうとするとき、身体のどこかに力を入れます。

ボールを投げるときだと、おもに腕や肩に力を入れることが多いでしょう。

このような**力を入れる感覚を「力感」**といいます。

そして、力感が強ければ強いほどボールは速く投げられる。

このように考えていませんか？　だから速いボールを投げるときは、思いっきり力を入れると思います。

しかし厄介なことに、しっかり力を入れた感覚と実際に出力されているパワー（ボールの速さ）は同じではありません。

たとえば**プロ野球のピッチャーたちは、腕や肩に起こる強い力感をよくないものだと感じています**。なぜなら**下半身の力をうまく腕まで伝達できているときは、腕や肩に強い力感は生じない**からです。

ピッチャーにとっては、腕や肩に起こる力感は、その伝達がうまくいっていない証拠。つまり、投げるときに腕や肩に生まれる力感は素人に近い人ほど大きく、一流ほど少ないということです。

ここには伸張反射という、身体に備わっている重要な機能が関係します（後ほど詳しく解説します）。

このような、力感がないのに大きなパワーを発揮できる選手たちの共通点が、**ムダな力みを出さずに、合計として大きなパワーを発揮できるというパターンを持っていること**です。

▼無意識で起こる「伸張反射」の威力

ムダな力みを出さずに、合計として大きなパワーを発揮するとはどういうことなのでしょうか。

実は足部や指先など、スポーツで最終的に仕事をする部位で発揮されるパワーの大きさは、筋力だけでは語ることはできません。

たとえば山本由伸投手（オリックス・バファローズ）のように、細身のピッチャーがしなやかなフォームから繰り出す豪速球は、とにかく筋力を大きく、とにかく力を入れる、という物差しだけでは説明がつかないのです。

そういった選手たちが共通して使っているのが「伸張反射」です。

伸張反射とは、筋肉が急激に伸ばされたときに、無意識かつ急激に筋肉が収縮する現象を指します。伸ばして手を離したら急激に縮むゴムをイメージするとわかりやすいでしょう。

日常生活ではなかなか実感することはありませんが、有名なのが、イスに座った状態でひざのお皿の下を軽く叩いたときに、ひざが勝手にポーンと伸びる現象です。前ももの大腿四頭筋が瞬間的に伸びた刺激によって、無意識にこの筋肉が瞬時に収縮してひざが伸びます。このとき**自発的に筋肉を動かしていません**。

実際のスポーツで説明しましょう。サッカーのシュートはボールをリリースする前に、ボールを蹴る足よりひざが前に出ます。すると身体の前側の筋肉が引き伸ばされ、この筋肉が急速に縮むことで速いシュートを打てます。

このように、**筋肉の伸ばされた反動を使って一気に収縮させることができると、身体に負担をかけることなく、力強く、速く動けます。これはいわゆる「瞬発力」と呼ばれる能力**であり、伸張反射の向上は、瞬発力の向上につながるということです。

伸張反射は筋肉の急激な伸び縮みを利用する

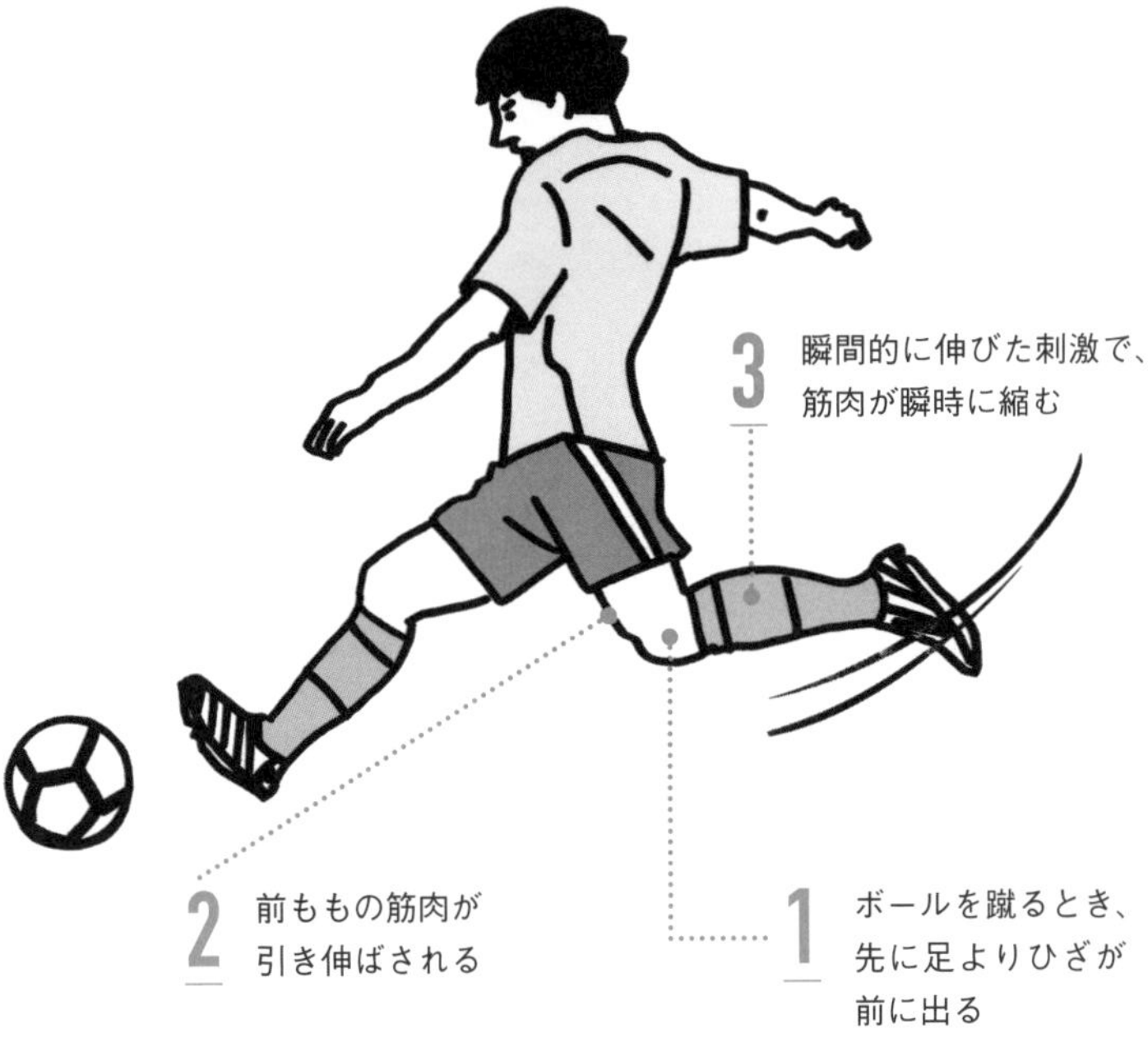
3 瞬間的に伸びた刺激で、
筋肉が瞬時に縮む
2 前ももの筋肉が
引き伸ばされる
1 ボールを蹴るとき、
先に足よりひざが
前に出る

よって…
速いシュートが打てる

伸ばされた反動を使って一気に筋肉を収縮できると、
身体に負担をかけずに力強く、素早く動ける。

このような性質は身体中の筋肉が持っていますので、スポーツのさまざまな動作に活用されます。

そして、力まずに大きなパワーを発揮するトップアスリートたちは、腕や脚の加速に伸張反射を利用しているのです（もちろんその際の連動性の高さも重要です）。

伸張反射にはメリットが多く、その一つが収縮のスピードが通常より高くなることです。競技に活かさない手はないですよね。

裏を返すと、**力んでいると、この伸張反射が発動しなくなる**のです。

コーチたちが「力むな」と口酸っぱく指導する理由の一つが、この伸張反射が使えなくなることにあります。

力を抜くためには、力を抜こうとしてはいけない

少し視点を変えてみます。コーチから「もっと力を抜け」と言われたとき、抜こうとしたのにうまく抜けなかったり、力を抜くと大きなパワーが出せないのではという疑問を持ったことがある人も多いのではないでしょうか。

ここまで繰り返してきたように、うまく脱力できることと高いパフォーマンスを発揮できることには深い関係があります。

しかし一方で、脱力のコントロールは簡単ではありません。

ここは特に重要なのですが、いくら力を抜こうとしても力は抜けるものではありません。**力を抜くためには、まず「力を入れるべき部位」に入れなければならない**のです。

この部位がしっかり働いてこそ、力は適切に抜くことができるので、「力を入れるべき部位」と「力を抜くべき部位」をきっちり整理しておく必要があります。

実際のところ、**入れるべき部位には入らず、抜くべき部位が力む、という逆転現象が起こっています**ので、しっかり覚えてください。

重力がかかる環境で身体を支え、効率よく動くために、力を入れるべき部位と抜くべき部位はある程度決まっています。

次の図は、身体の機能性を最大限に引き出すための、力を入れるべき部位と抜くべき部位を表しています。

入れるべき部位のほとんどは、重力に逆らいながら身体を支えつつ、スムーズに動く、そして力の伝達ロスが最小化するために必要な部位です。

そして、これが大事なことですが、入れるべき部位に力が入っていれば抜くべき部位の脱力スキルは着実に向上します。

力を入れるべき部位と抜くべき部位

力を入れるべき部位が十分働かない場合に
抜くべき部位を力ませてしまう。

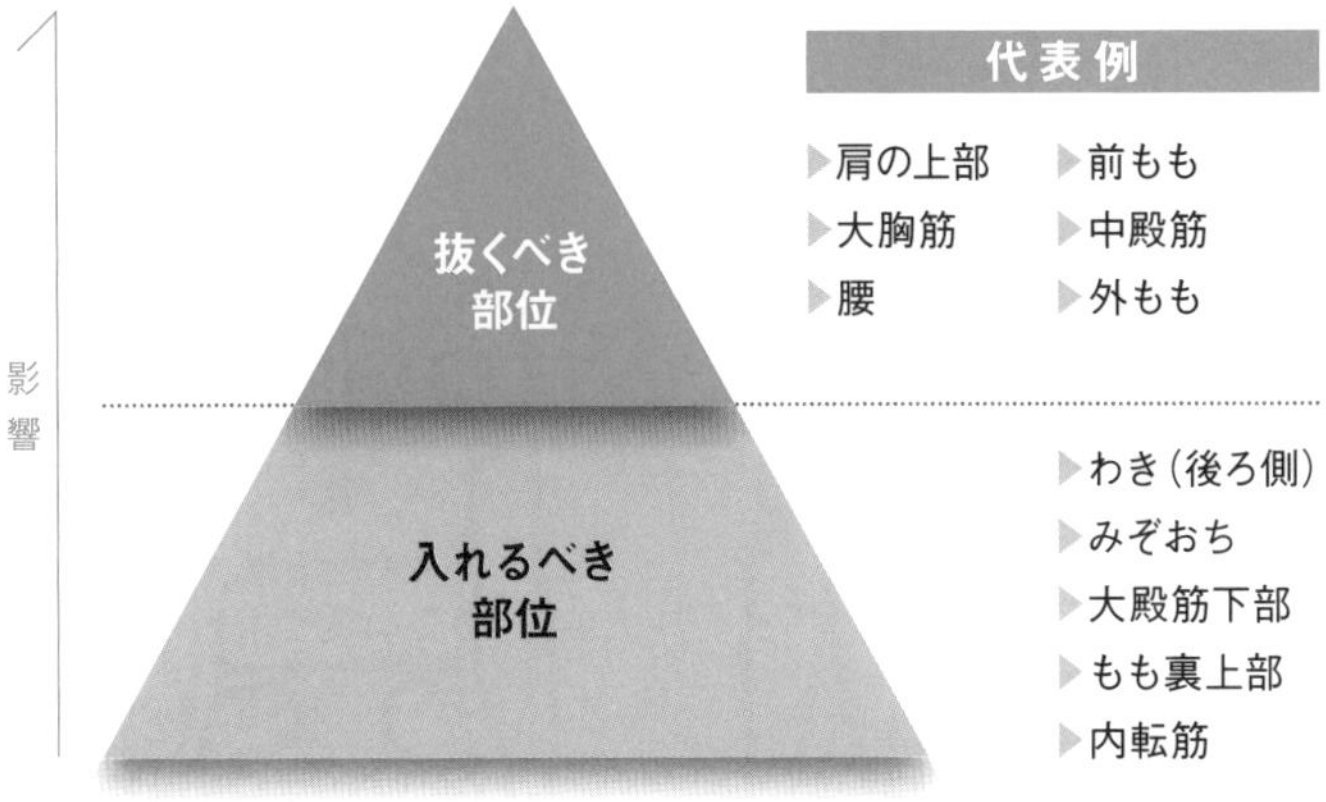
影響
抜くべき部位
入れるべき部位
代表例
▶肩の上部
▶前もも
▶大胸筋
▶中殿筋
▶腰
▶外もも
▶わき(後ろ側)
▶みぞおち
▶大殿筋下部
▶もも裏上部
▶内転筋

たとえば前ももに力みがあると、本来入れるべきもも裏上部が働かず
出力不足となり、パフォーマンスが低下する。

パフォーマンスに問題を抱える選手は、この抜き入れのバランスが崩れていることがとても多いのですが、脱力トレーニングによって適切なバランスになっていきます。

なお、図で挙げた分類はほとんどの競技に共通しています。抜くべき部位の筋肉に力を入れて、入れるべき部位に入れずにハイパフォーマンスを出せる競技はほぼないといっても過言ではありません。

力を入れるべき部位 vs 抜くべき部位の全身図

身体にはさまざまな筋肉があるが、おもな筋肉は以下のとおり。

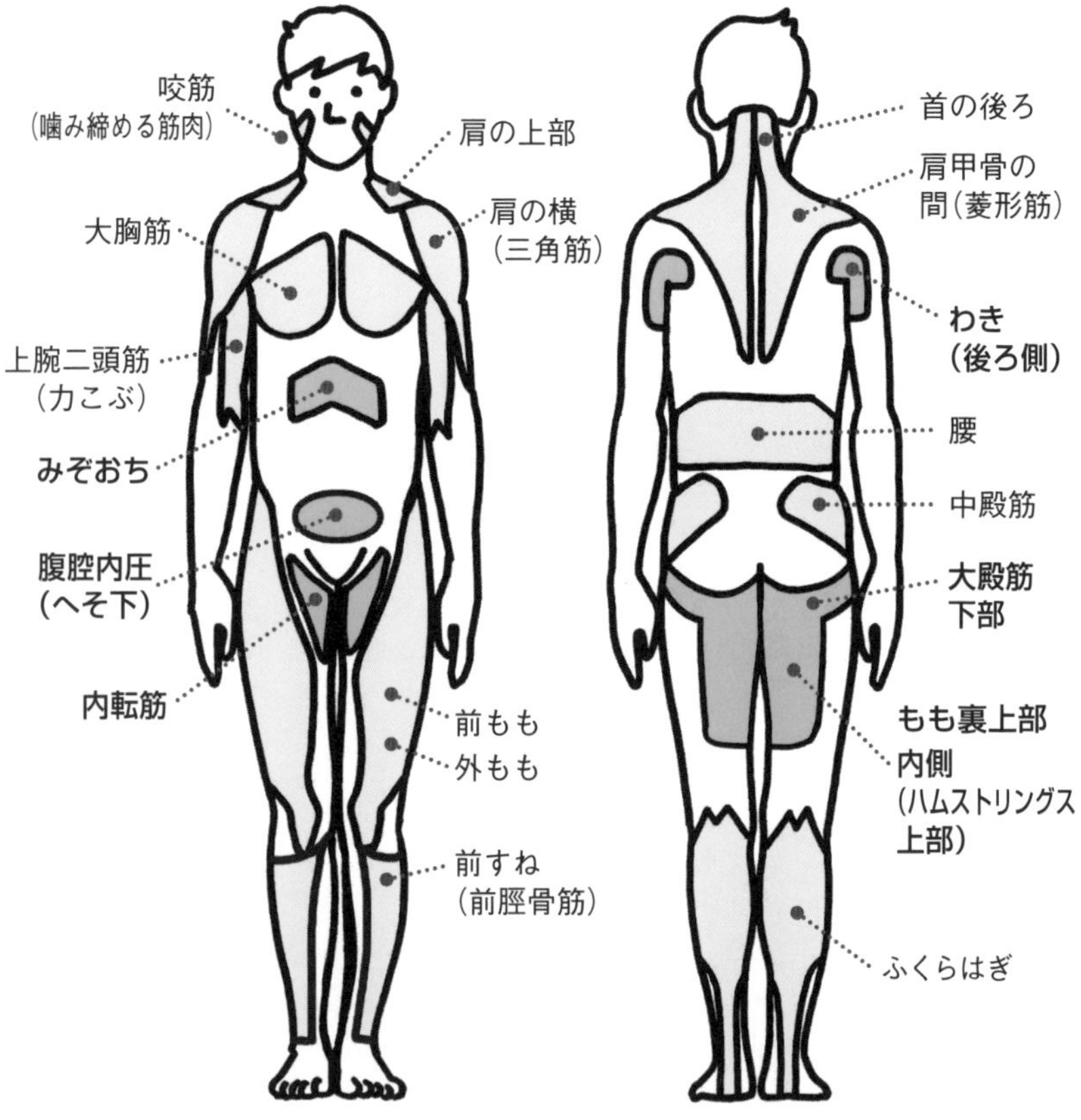

咬筋
(噛み締める筋肉)
肩の上部
肩の横
(三角筋)
大胸筋
上腕二頭筋
(力こぶ)
みぞおち
腹腔内圧
(へそ下)
内転筋
前もも
外もも
前すね
(前脛骨筋)
首の後ろ
肩甲骨の
間(菱形筋)
わき
(後ろ側)
腰
中殿筋
大殿筋
下部
もも裏上部
内側
(ハムストリングス
上部)
ふくらはぎ
力を入れるべき部位
力を抜くべき部位

「絶対スピード」と「対人スピード」

競技に必要なスピードと脱力スキルの関係についても取り上げてみましょう。

実は一言で「スピード」といってもそこには構造があり、それをクリアにしておかないと〝使えるスピード〟にはなりません。

スピードには大きく分けて二種類あり、「絶対スピード」と「対人スピード」に分類されます。

絶対スピードとは、いわゆるタイムなどで数値化できる種類のものです。

一方、**対人スピードとは「相手がどう感じるか」に基準が置かれます**。

スポーツにおいてはどちらも重要ですが、スポーツの種類によってその重要度は大きく異なります。

たとえば、陸上の100m走などでは絶対スピード（つまりタイム）が高まることがすべてです。しかし、サッカーやバスケットボールなどの対人競技では、タイムの向上＝パフォーマンスの向上に直結しませんよね？　もちろん絶対スピードを上げることは重要ですが、それだけでは試合で使えるパフォーマンスとはいえません。

対人競技では相手よりも速く動くことで相手の動きを封じたり、相手を抜き去ったりできるか否かがパフォーマンスを決めます。

つまり対人スピードは、「感覚とタイミングを支配するスピード」です。

50m走のタイムでは負けていても、相手よりも早いタイミングで動き出せたり、相手に脅威を感じさせてフェイントにかけられれば勝てるのです。

この対人スピード向上にも「脱力スキル」が役立ちます。その理由は前述のメッシ選手やハーランド選手の落下トリガー（48ページ）を見れば明らかです。

もちろん脱力スキルが絶対スピードの向上に役に立たないのかというと、そうではありません。絶対スピードでも対人スピードでも力の伝達効率は共通して重要ですし、力みが身体の動きを遅くするという意味では、脱力スキルは不可欠といえます。

高く飛ぶには、低く沈む必要がある

ピッチングでの腕の加速はほかのスポーツに比べ特に伸張反射が重要です。プロ野球の一軍で活躍している選手であれば伸張反射を高いレベルで使いこなしている、すなわち脱力スキルが高いケースが大半です。

その代表格が先にも紹介した山本由伸投手です。

山本投手のフォームは一見すればやや特殊で、セオリーから外れた投げ方にも見えます。通常のテイクバック（反動をつけるために腕をひくこと）ではひじは曲がったまま操られますが、彼のテイクバックはひじが伸びた状態が目立ちます。

そのままひじをあまり曲げずに腕を加速させると、いわゆる「かつぎ投げ」といわれる肩ひじへの負荷が大きくなる投げ方になってしまいます。

しかし山本投手は、そこから**急激に腕を脱力し、ひじが一気に曲がってトップに入ります。その際に生じる伸張反射を利用して腕を強烈に加速**させるのです。

ほかのピッチャーとは少し違うタイミングでの脱力――伸張反射の組み合わせなので、バッターは非常にタイミングがとりづらいと思います。

加速とジャンプの同調

バスケットボールの動きでも脱力スキルの重要度は高いです。

先ほど説明した落下トリガーによる急加速は、トップ選手であれば当然のように使われています。

さらにこの落下をジャンプシュート時の沈み込みにも使うことで、**相手からは加速かジャンプかがわからない、つまり対応が遅れるという状態に追い込む**ことができます。

それを非常に高いレベルで体現しているのがステフィン・カリー選手です。

カリー選手は神業と呼ばれるようなドリブルテクニックやシュートが有名ですが、素早い動きをする際にもほとんど力みが見られず、小さな落下からダイナミックな落下まで使いこなして相手を翻弄しています。

このようなパフォーマンスを実現するには、やはり力の抜き入れが自由自在にできることが不可欠といえます。


先に挙げた選手たちは、プロスポーツ選手の中でも特にこの脱力スキルに優れていますし、一流と呼ばれる選手はこういった動きを無意識に行うことができるのです。

このような脱力、つまり力の抜き入れを無意識にできるのがトップアスリートたるゆえんであり、これまでは「才能」や「センス」という言葉で片づけられてきました。

ですが、効果的なトレーニングによって脱力スキルを高めれば、プロ選手と同じとまでは言わないまでも、同様の身体操作パターンを習得することができます。

パワー型トレーニングに偏ってはいけない！

「脱力スキル」「脱力トレーニング」の必要性を理解することは、**これまでのトレーニング方法を見直し、自分にとって最善の方法を見つける一歩**になります。

第１章で、身体の力みをつくりだす理由の３つめとして、筋トレに代表される「鍛える系」のトレーニングに偏りすぎていることを挙げました。

これまでスポーツトレーニングにおいて主流となってきたトレンドは、ウエイト・トレーニングや体幹トレーニングなど、筋肉の収縮力を高めたり、筋肉量を増やしたりするパワー型のトレーニングです。

本書を読んでいるみなさんの中にも、これらのトレーニングを積極的に行ってきた人も多いのではないでしょうか。

このようにお伝えすると、パワー型のトレーニングを否定しているように聞こえるかもしれませんが、決してそんなことはありません。パワー型のトレーニングは絶対に必要です。要するに、筋力アップのためのトレーニングに偏るのがよくないということです。

パワー型のトレーニングは、出力できるパワーを向上させるメリットがある一方で、身体や動きの力みをつくってしまいやすいという側面も持ちます。

一方、脱力トレーニングは、身体の力みを解くことで「柔の身体」「動ける身体」「意のままに動かせる身体」のベースとなる脱力スキルを身につけるためにあります。

パワー型トレーニングと脱力トレーニングを組み合わせながら行うことで、ケガが起こりにくく、剛柔併せ持った身体と動きを身につけることが可能となります。

脱力トレーニング：プロ選手の実践と可能性

近年アスリートの選手寿命が長くなってきていますが、30代を迎えると、どんなに活躍している選手でもなんらかの不調が出てきます。

加齢や長期的な疲労の蓄積により、身体組織のさまざまなところで柔軟性が低下しやすくなることも影響しているのだと思います。

これまでサポートしてきた選手からもそういう状態で依頼がくるケースは多く、脱力スキルを高めることで改善が見られました。一部紹介したいと思います。

ケース1 プロサッカー選手

依頼がきた時点ではプレミアリーグでプレーしていましたが、チームのパワー型トレーニングによって身体がゴツくなり、特にターンや加速のスピードの低下、そして上半身のしなやかさの低下を感じていたケース。腰痛も発症していました。

はじめは身体の柔軟性向上に徹底して取り組み、並行して脱力トレーニングを実施。3カ月程度で試合での脱力スキルの向上を実感し、プレーにもしなやかさが戻ってきました。

その後、Jリーグに復帰し、ケガなくゴールを量産しています。

ケース2 プロ野球選手（ピッチャー）

下半身から腕までの力の伝達がうまくできず、上半身の力みで投げている感覚があるという選手。トミー・ジョン手術（ひじの手術）の経験者です。

下半身から指先までの力の伝達が非効率だと、速いボールを投げるために上半身は必然的に力みます。そのようなパターンを改善しなければ、再びひじ、もしくは肩にケガが起こることが危惧されたケースです。

上半身の力みは「結果的に」引き起こされたものなので、まず一因である股関節周りの力みを抜く脱力トレーニングを徹底しました。

股関節は身体の構造上、動きの中での脱力には時間がかかりますが、シーズン中も徹底して取り組むことで力みはかなり改善され、上半身の力みも予想どおり抜けてきました。

ケガによる離脱もなく、防御率1点台でレギュラーシーズンを終えることができました。

ケース3 柔道選手

オリンピックで銅メダルを獲得した柔道選手のケースでは、ひざの靭帯損傷の手術後、ひざの動きや筋力の医学的な基準はクリアしているにもかかわらず、「何か違う」という感覚が続くのが悩みでした。

関節や筋肉のチェックでは確かに問題はありませんでしたが、踏ん張るときに手術をした側の前ももにかなり力みが入っていました。逆に本来使うべき部位である裏ももにはうまく力が入らない状態でした。

裏ももでしっかり支える感覚を再習得してもらいつつ、その際に生じる前ももやひざ周囲の力みを抜くトレーニングを実施。それまで選手が行っていた強化系トレーニングも継続しつつ、脱力トレーニングも徹底してやってもらいました。

踏ん張る際にもも裏を使えるようになってくるにつれ、「この感じです」という感覚も得られ、その後はオリンピックでの銅メダル、世界柔道選手権大会やグランドスラムでも金メダルを獲得しています。

ケース4 プロサッカー選手

スプリントのスピードを武器にJ1で活躍していましたが、ある時期からもも裏にある筋肉、ハムストリングスの肉離れを繰り返すようになった選手のケース。同じ部位で4回の肉離れを起こしていました。

これまでもハムストリングスのケアをやっていたし、肉離れ防止のための強化トレーニングもしてきたけれどやはり繰り返してしまう、なんとかならないかという依頼でした。

その選手の場合は動作時の上半身の力みが強く、脚の動きに上半身が協力していないと判断しました。

上半身の力みを抜いて肩甲骨や背骨の動きを改善し、下半身との連動をしっかりとつくり出せるようになった結果、その後一度も肉離れを起こしていません。

ケース5

プロ野球選手（外野手）

プロデビュー時から圧倒的なスピードを武器に盗塁を量産し、スピードスターとして名を馳せた選手ですが、とにかくケガが多く、離脱なくシーズンを通してのプレーがそれまで一度もできていなかったことから、ケガをなくしたいとの依頼。

この選手は「力を入れるのはうまいが、力を抜くのは苦手」という典型例のようなタイプでした。

筋肉の質は非常によく、収縮力も抜群でした。一方で力を抜くことは苦手で、脱力しようとしてもどうしても緊張が残ってしまう、もしくは脱力に時間がかかるのが問題として考えられました。

日常動作でも脱力が苦手なこともあり、そもそもの柔軟性もかなり低下した状態でした。

まず、とにかく肩甲骨・背骨・股関節の柔軟性を高めることを徹底してもらい、そこから脱力トレーニングを始めてもらいました。このケースでは選手本人からウエイト・トレーニングなどのパワー型トレーニングを回避したいとの要望もあり、力の抜き入れの程度やタイミング調整能力をおもなトレーニング構成としました。

とても時間がかかりましたが、導入の翌年には柔軟性と脱力スキルがかなり向上し、初めてのシーズンフル出場、最多安打タイトル獲得などの活躍ができました。

そのトレーニングはなんのため？

みなさんのやっているスポーツにおいて、**なぜその筋肉が大事なのか？　その筋肉が強くなることで自分の動きはどのように変わるのか？**

これは筋肉をターゲットにしたトレーニングを行う際に、特に重要な問いかけです。

たとえばハムストリングス（もも裏の筋肉）を鍛えようとする場合、それによりパフォーマンスにどのような影響があるかを最優先にするべきです。

筋肉をターゲットにした例を出しましたが、そもそもトレーニング方法は目的こそが最優先されるべきで、どのような方法を選択するのかはその次です。

そういう意味では本来、**パフォーマンスアップ目的のトレーニングは「筋肉」からスタートするのではなく、競技中に考えうる「動作」から組み立てていくべき**です。

どんなに最新のトレーニング方法でも同じこと。「最新だから」「○○選手がやって成功したから」「強豪チームがやっているから」、そういった理由でトレーニング方法を選択するのはかなりリスクがあります。

自分が抱える課題はどういったものなのか、その原因はなんなのか、そのトレーニング方法はそれを解決できる特性を持つのか。このような視点が不可欠です。

もちろん専門家でないと判断がつかない領域もあるので、その場合は専門家を頼るほうが結果として近道です。

このように自分の課題とトレーニングの特性を定点観測し、自分で調整していくのはとても高度なことです。しかし、それ以前に、

■ **トレーニング＝筋トレなどの「パワー型」**

■ **不調やケアを予防する解決法＝ストレッチや筋トレを行う**

だけでは不十分、ということを知っておいてほしいと思います。

ハイパフォーマンスを妨げる「パターン」の正体

〝さまざまな種類〟のトレーニングをやっても〝同じ運動〟になる。
もし、今スポーツでハイパフォーマンスが発揮できないとしたら、筋力不足ではなくて「パターン」に原因があるかもしれません。

パターンとは、簡単にいうと動きのクセのこと。たとえば、

- **どちらかの脚に体重をかけて立ちがち**
- **投げるときに肩が力みがち**
- **蹴るときに腰が力みがち**

などが挙げられます。

立っているだけで腰が緊張するのも、立つという動作で腰を固めてバランスをとるというパターンを持っていることを意味します。


このように表現するとよくないもののように感じるかもしれませんが、もちろんいいパターンも存在します。


トップアスリート、特にケガをしない選手は、このパターンが人間の構造から見て非常に効率がいいのです。

先に例に挙げたトップアスリートたちは脱力が動作パターンに組み込まれており、それゆえ無意識に使いこなせているのです。パターンは複数あり、競技の特性次第ではいいパターンを複数持っていて、状況に応じて使い分けられたりします。

逆にそうでない選手は、非効率なパターンが固定化されていることが多いです。

いつも腰に力を入れて緊張させるパターンが固定化している選手は、走るときも、パワーを発揮するときも、投げるときも、蹴るときも、同じように腰を緊張させて固めながら実行します。

もちろんトレーニングのときも腰を固めます。

このような**パターンの固定化を考慮せずに〝さまざまな種類〟のトレーニングを行っても、実質的には「同じトレーニング」をやっていることになってしまいます。**

いつも腰が張る、いつも肩や首が凝る、という場合はパターンの固定化が進んでいる可能性が高いです。

さらに、パフォーマンスアップの妨げになるだけでなく、いずれケガの大きな要因にもなり得ますので、できるかぎり早期に固定パターンの解除と効率的なパターンの再学習が必要です。


パターンは、重力がかかる環境でどのように二足歩行でバランスを保持していくかのバランス戦略（抗重力戦略）です。

その人の身体の状態、つまりどこが強い・弱い・働きやすい部位・働きにくい部位・硬い・柔らかいなどの前提条件をもとにして、**「こうすれば安定するな」という経験の積み重ねによって少しずつ形成**されていきます。

なので長年の生活習慣からの影響も大きく、裏を返すと幼児期からパターンが固定されることはほとんどありません。


スポーツにおけるパターンも、こういった日常動作のパターンがベースになりつつ、大きなパワーを出したり腕を速く動かしたりするときに、「こうすればなんとかうまくできるな」という学習の繰り返しによって形成されます。

たとえば、わきにある前鋸筋《ぜんきょきん》が使えていないまま腕を使う運動を行おうとすると、それをカバーするために肩（僧帽筋《そうぼうきん》）に力が入って肩が上がる動きをするケースがあります。

そのままこの運動を繰り返すと、知らぬ間に「肩に力が入るパターン」が形成されてしまうということです。

つまり、日常動作のパターンもスポーツ動作のパターンも、どちらも重力下でバランスをとりながら動作を遂行するというバランス戦略（抗重力戦略）であるため、第一章で説明したように「身体の力み」が起こりやすいのです。

そういう理由から、**脱力スキルの向上はパターンの改善に役立ちます**。

もちろん単に脱力がうまくなったからといって、長年培った動き方をすぐに手放せるほど甘くはありません。パターンの改善（解消と再学習）にはより専門的なトレーニングが必要です。

しかしながら、脱力トレーニングはその第一歩としては非常に有効です。

COLUMN

フィジカルコーチ／トレーナーの重要度が変わってきている

近年、フィジカル領域の指導者（フィジカルコーチ／トレーナーなど）に要求される内容が変わってきているのを感じています。

一般的にチームにおけるフィジカルコーチ（S&Cコーチなど名称はさまざま）の役割は、おもに筋肉の強化やコンディショニングです。裏を返すと、パフォーマンスに直結する動きはスキルコーチやテクニカルコーチの領域。チームによってはかなり明確にこの分類がつくられ、担当分野以外への関与はNGでした。

しかしフィジカル領域、特に身体操作について見識のある指導者がいるチームにおいては、この役割分担の境界線が少しずつ薄くなってきているのです。

境界線が薄くなるとはどういうことかというと、とにかく「筋力を強くしてくれ（多くは数値的なもの）」といった、ある意味でパフォーマンスとは遠い位置づけから、「こういうプレーを実行したいので、そのためのトレーニングプログラムをつくってくれ」といった、よりパフォーマンス発揮、すなわちチームの勝利に近い位置づけへと変わってきているのです。

たとえばサッカーでは、チーム編成をする場合に監督がフィジカルコーチを優先的に確保するケースがあります。「コーチングユニット」と呼ばれ、

COLUMN

監督が新たに招聘される際にコーチングスタッフごと移籍してくるようなケースがこれに該当します。

もちろんスキルコーチも含まれますが、優先度が高いとされるのがフィジカルコーチです。その理由は、監督自身が自分の戦術を実行、構築していく場合に、フィジカルレベルでの能力が競技スキルにかなり影響すると考えられているからです。

たとえばチームとしてハイプレスを武器にしていきたい場合、急減速できなければハイプレスそのものが有効に実行できません。ブレーキがかからない車でスピードは出ませんよね。

そういう場合、スキルコーチよりもフィジカル領域の専門家のほうが改善できることが多いのです。

もちろん、競技動作および身体操作の構造を理解していることが条件です。そうでなければ競技動作を効果的に改善・向上するトレーニングが構築できません。求められているのは単なる強化ではなく動作改善だからです。

スキルコーチがいくら「そこで止まれ!」と叫んでも、身体がそういう動きをできなければ不可能です。

このような構図を理解している指導者の方から私自身よくコーチ就任のお話をいただきます。もちろんすべてとはいきませんが、できる範囲でお手伝いしています。

第3章

「脱力トレーニング」をはじめよう〈初級編〉

3

▼脱力スキル向上の先にあるのが連動性

「脱力トレーニング」は脱力スキルを高めるためのトレーニング、ひいては力の抜き入れを今よりも緻密にコントロールして、自分の身体を意のままに動かせるようにするものです。このことは繰り返しお伝えしてきました。

脱力トレーニングをはじめ、私のトレーニング指導でターゲットにしているのはおもに身体の連動性です。

特に**肩甲骨〜背骨〜骨盤・股関節の「つながり効率」**は非常に重要視します。

なぜならこの3部位が関与しないスポーツ動作はほぼありません。**大きなパワーや強烈なスピードを生み出す際に、この3部位を関連させて使うのがもっとも動きの効率がいい**からです。

もちろん、3つの部位を個別にターゲットとして、トレーニングやストレッチを行うこともあります。ですが、脱力トレーニングにおいては、あくまでも全身における連動性を向上させるためのプロセスの一つです。

私が行う**プロ選手向けトレーニング指導でも、脱力トレーニングから始めることがとても多い**です。

連動ターゲットの3部位、背骨、骨盤・股関節、肩甲骨

脱力スキル、そしてパフォーマンスにかかわる3つの部位の重要性をもう少し詳しく解説しましょう。

背骨

背骨は**肩甲骨と股関節をさまざまな動きの中でつなぐ**（連動・力の伝達）という面でも、**頭という重たい部位を下から支える**という面でも重要です。背骨の上約3分の2は肋骨とつながっていて、鳥かごのような形状（胸郭）になっています。そのため骨格構造的に強固なつくりになっています。

一方で下約3分の1は鳥かご形状ではなく、腰椎《ようつい》という骨だけで支える構造になっ

ていて、その先に骨盤が続きます。

この構造からいえることは、**腰椎だけで支えている腰はそもそも不安定**だということ。**不安定なのでそれを補うために腰が緊張しやすく、そのため腰痛を持つ人が多い**のです。

緊張が原因になる腰トラブルはそもそもの骨格の不安定な構造に起因するので、いくら腰をマッサージしても根本的には改善しません。

腹横筋、骨盤底筋などのコア・ユニットがあらゆる動作で働いて、腰の不安定性をカバーできるようにする必要があります。


スポーツパフォーマンスにおける背骨・骨盤の役割は山ほどありますが、特に重要なのが力の伝達です。

ピッチャーがボールを速く投げるために下半身を鍛えて筋力が強くなっても、その力をうまく指先まで伝達できなければ出力されるパワーは大きくなりません。

このとき、**背骨周りの小さな筋肉が固まってしまうと、力はうまく伝達しない**のです。

背骨の周囲には表層から深層まで、かなりたくさんの細かい筋肉がついており、縦に長い構造である人体を支える重要な役割を担っています。その一方で、縦長の構造を支え続けるからこそ、それらは固まってしまう傾向が強くなっているのです。

脱力トレーニングでは、これら背骨周りの筋肉の力みをいかに解除するかが重要なポイントとなります。

骨盤・股関節

股関節の機能もまた、スポーツはもちろん日常のさまざまな動きに深く影響します。日常動作における股関節のおもな役割は二つ。

①**脚の自由な動きの確保**で、柔軟性が影響します。

②背骨と同様に、**身体を支えること**です。支えるといっても骨の形状が球体をしていてそもそも不安定なので、バランスの保持には実は不向きです。

それゆえ股関節の周りにはたくさんの靭帯や大小さまざまな筋肉が協力し合って、支持性を確保しています。

背骨、骨盤・股関節、肩甲骨の構造を見てみよう

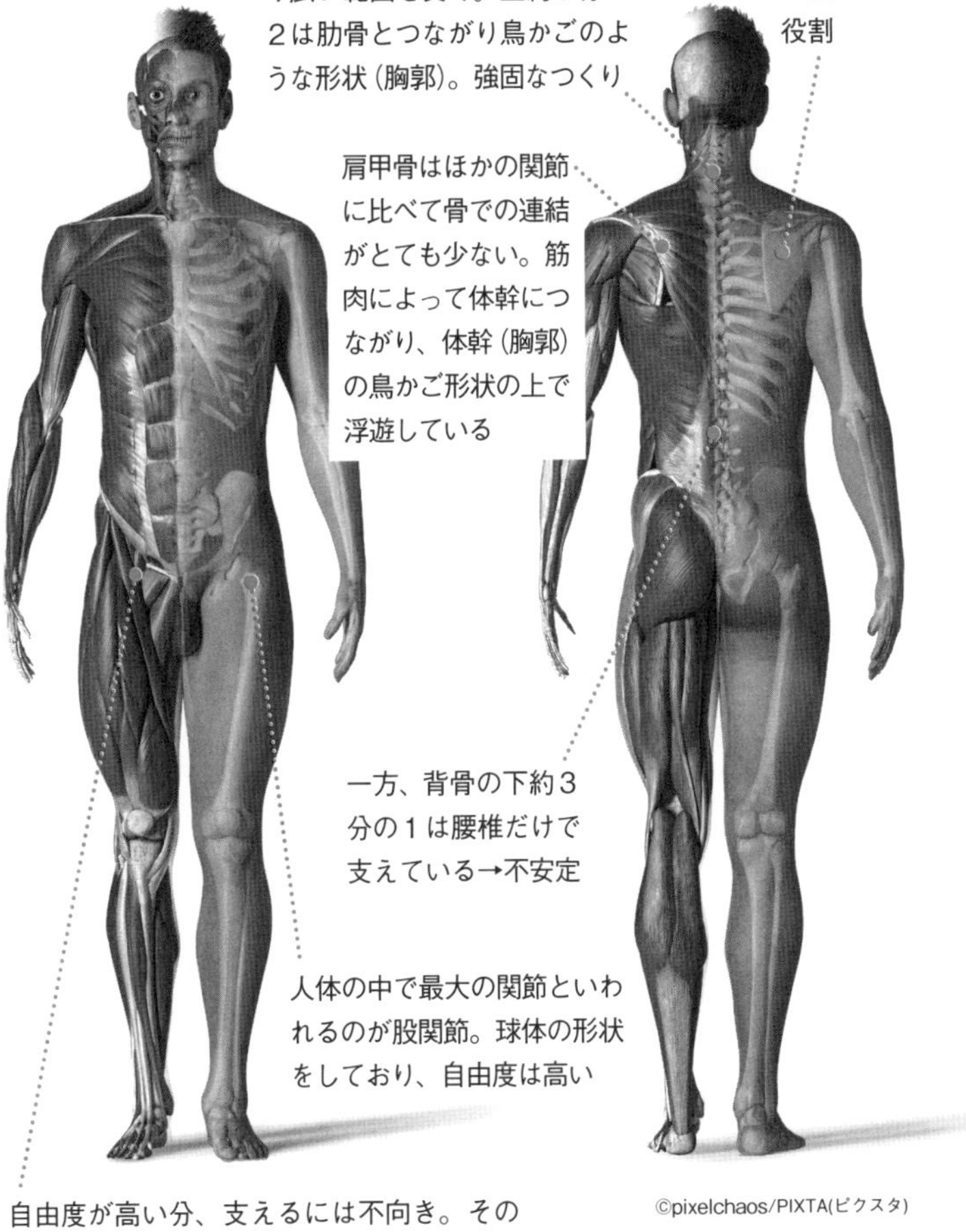
背骨は首から腰まで体幹のかなり広い範囲を貫く。上約3分の2は肋骨とつながり鳥かごのような形状（胸郭）。強固なつくり
肩甲骨は体幹と腕をつなぐ役割
肩甲骨はほかの関節に比べて骨での連結がとても少ない。筋肉によって体幹につながり、体幹（胸郭）の鳥かご形状の上で浮遊している
一方、背骨の下約3分の1は腰椎だけで支えている→不安定
人体の中で最大の関節といわれるのが股関節。球体の形状をしており、自由度は高い
自由度が高い分、支えるには不向き。そのため周りにはたくさんの靭帯や筋肉があり、協力し合って支持性を確保している
©pixelchaos/PIXTA(ピクスタ)

もうおわかりかもしれませんが、この二つの役割は矛盾します。自由な動きは支えるには不向きであり、しっかり支えるには自由な動きは不向きです。そのため一般的にはどちらかが優先されるのですが、より優先度の高い身体を支えるほうが優先されます。こういった理由で股関節は固まりやすいのです。

スポーツのシーンでは、これら二つに加えて③力の伝達が重要です。

先ほど例に挙げたピッチャーの下半身から指先への力の伝達を再び取り上げると、股関節は背骨と同等、もしくはそれ以上に力が逃げてしまいやすい部位です（自由な動きができる分、逃げやすくなります）。そのため、多くのピッチャーが股関節のコントロールがうまくいかずに、連動性を失ってしまいます。

また骨盤の動きは、背骨からだけでなく股関節からも影響を受けます。

ピッチャーに限らず、**高いパフォーマンスでは股関節の自由度、支持性、そして力の伝達が高いレベルで同時に実現します**。トップアスリートの股関節の動きは大きくしなやか（自由度）、かつ地面からの反力をばっちり受け取って全身で利用しているのです（支持性・力の伝達）。

こういった理由から、股関節トレーニングは強化はもちろんのこと、柔軟性の向上、そして脱力スキルの向上による力の伝達効率を上げる必要があります。

肩甲骨

意外にその重要性が見落とされているのが肩甲骨です。スポーツにおける肩甲骨の役割は、おもに①腕の自由な動きの確保（自由度）と②肩関節の補助（負担軽減）、そして③力の伝達です。

肩甲骨はそもそも動きの自由度が高い部位です。腕はいろんな方向に回せますよね。少なくとも6方向の動きを持ち、それらが混合した複雑な運動ができます。

②の肩関節の補助に関しては、**肩と肩甲骨の動きが同調しないと肩関節には大きな負担がかかる**ようになっています。肩関節のケガの背景には肩甲骨の動きの低下があり、「肩甲骨の動きの改善なしには肩のケガは改善できない」というのがセオリーです。

③の力の伝達については、肩甲骨の周囲も非常に力が逃げやすい構造になっています。しかし、その一方で、スポーツパフォーマンスにおいては野球のピッチングや

バッティング、テニスやゴルフのように最終的に手でパワーを発揮する競技が多くあります。下半身で生み出した力を逃さず、効率よく手まで伝えられるか否かはハイパフォーマンスを発揮するうえで死活問題です。

ここまで説明した3つの部位の共通点は、

■**どれも連動性によって大きなパワーを発揮するために重要な役割を担っている**
■**同時に、力の伝達においてもっとも力が逃げやすい**

ということです。

だからこそパフォーマンスを発揮するためのキーポイントであり、強化だけでなく連動や力の伝達を高めるための取り組みが重要。そのために有効なものの一つが脱力トレーニングです。

3つの部位のおもな役割とデメリット

	おもな役割	デメリット
背骨	・さまざまな動きの中で肩甲骨と股関節をつなぐ（連動・力の伝達） ・身体、おもに頭を支える	・腰椎が不安定 ・背骨周辺には細かい筋肉が多く、縦に長い構造。人体を支え続けることで固くなる
骨盤・股関節	・脚を自由に動かす ・下半身の力を上半身に伝達する ・身体を支える	・球状をしている股関節はそもそも不安定 ・不安定ゆえに力が逃げやすく、コントロールしにくい
肩甲骨	・腕を自由に動かす ・肩関節の補助（負担を軽減） ・体幹部の力を腕に伝達する	・肩と肩甲骨の動きが同調しないと肩関節に負担がかかる ・肩関節は自由度が高いが、力が逃げやすい

「脱力」は3階層で進化する

これまでも何度かお伝えしてきましたが、脱力スキルは単に力を抜くことを指すわけではありません。

ベッドに寝て脱力することと、スポーツの動作中に脱力できることは大きく異なります。脱力トレーニングを始める前に、**単なる脱力とパフォーマンスに有効な脱力の違いを整理**しておきましょう。脱力には次の図のように3つの階層（状態）があります。

階層1：単なる脱力

床に寝ている状態などバランスが安定した姿勢での脱力。競技中のように脱力状態

脱力の３段層

階層 3 ▶ 動的脱力
動作の中で「抜くべき部位」の
筋肉の力みを抜ける状態。

階層 2 ▶ 静的脱力
立位など抗重力バランスをとっている状態で
大きな筋肉を脱力する。
すぐに動ける状態は保持。

階層 1
動けることを前提とせず、
とにかく筋肉の力みを抜く行為。
筋肉をもっとも弛緩できる状態。

から急激に動くことを前提とせず、とにかく**全身の筋肉の緊張を抜いている状態**です。

階層２：姿勢保持の脱力

（静的脱力）

立った姿勢や構えなど**抗重力バランスをとっている状態での脱力**。同時にいつでもすぐに動ける状態を前提とした脱力程度を指します。

階層３：動作中の脱力

（動的脱力）

歩行中や競技動作など、動作の中で

「抜くべき部位」を脱力すること。脱力トレーニングではこの階層3の状態を目指します。

階層2や3のように、動作によって発揮するパワーが大きいほど脱力の難易度は高くなります。

これら3つの階層は階層1から3に向かって影響します。つまり**床に寝た状態で脱力できない人に立った状態で脱力を要求することは不可能**ですし、動作中に脱力できる人は単に立った状態で間違いなく脱力できているということです。

いきなり階層3の脱力を目指すのではなく、自分がどの階層の脱力であればできるのかをまず把握しましょう。それから一つ上の階層の脱力、すなわち「今の自分にとって少しむずかしい脱力」を徹底してトレーニングすることが、脱力スキルを向上させるポイントです。

※本書で紹介している脱力トレーニングは、私がプロ選手の指導で設定している内容よりやりやすいものを選別しています。動作中の脱力、特に競技動作が関与する脱力トレーニングに関しては競技によって個別に行う必要があるので、紹介は避けました。興味がある方はぜひ直接指導を検討してみてください。

「脱力トレーニング」の4つのフェーズ

脱力トレーニングは、次のような4つのフェーズ（段階）で行います。

フェーズ0：**腹圧の向上と力を入れるべき部位への刺激**（準備状態の整備）
フェーズ1：**ストレッチ系**（安定した状態での脱力練習）
フェーズ2：**揺らす系**（力の抜き入れの切り替え練習）
フェーズ3：**落下系**（急脱力によって重力を利用する練習）

脱力の3階層でも説明したとおり、脱力には難易度があります。特に階層3の競技動作でのリラックス、つまり「動作中の脱力」は試合でのプレッシャーがあるとさらに難易度が跳ね上がります。

試合中にコーチが「力を抜け！」と叫び続けたところで、日頃から脱力するためのトレーニングを積んでいない選手にいきなり難易度の高い脱力は不可能でしょう。

ですがそんな選手にこそ、最終的には階層3に到達してもらいたいのです。

そのためにも脱力トレーニングは**取り組みやすいフェーズ0から順番に行い、何度も繰り返してください**。

すでに自分は階層2以上だと思われる人も、ぜひフェーズ0から取り組んでみてください。

脱力スキルには「ここまでいけたら完璧」というゴールはありません。そういう性質ではないのです。

トレーニングが簡単に感じても決して軽視せず、気楽にかつ真剣にやってみてください。フェーズ0にも、Ⅰにも必ず発見があると思います。

どうしても簡単に思ってしまう人は、「超絶しなやかな動きをするトップアスリートがこのトレーニングをやったらどんな動きになるんだろうか」と想像してみてください。簡単だと思って〝明日にも辞めてしまいそうな〟あなたと、同じレベルの動きになるでしょうか？

フェーズ0

腹圧の向上と力を入れるべき部位への刺激（準備状態の整備）

フェーズ0は、脱力を練習していくための準備フェーズです。

ここでは、おもに**①腹圧を向上させるトレーニングと、②力を入れるべき部位に刺激を入れて働きやすい状況をつくります**。

もっとも簡単なはずである横になった状態での脱力ですが、ふだんから力むパターンが身についている人にはむずかしいかもしれません。ていねいに行っていきましょう。

まず①腹圧を向上させるトレーニングから説明します。

力みが生じる大きな原因の一つが「不安定」にあることはこれまでに述べたとおりです。特に立っているときや動作中に力んでしまい、寝ている姿勢であってもその緊張が抜けにくい典型的な部位が、腰です。

この章の前半でも触れたように、腰が力んでしまうパターンはそもそも骨格の不安定性に起因します。

このパターンを脱するには、お腹周りの安定が必要です。そのために**腹筋で固めるのではなく、お腹を内側から支える機能を使って解決**するのです。

そこで腹圧に注目します。

腹圧とは体幹（おもにお腹周り）を内側から外側に向けて押し広げる力を指しますが、これにより腰の不安定さを補うことができます。風船が膨らむことで形状をキープできるのと同じ仕組みです。

腹圧が向上すれば、お腹の表面の筋肉をガチガチに固めて〝シックスパック〟をつくり上げる必要はありません。このような力んでいないのに強度の高い安定性を発揮しながら動けるのが、トップアスリートたちが持つ「強い体幹」です。

また、腹圧が向上すると、腰だけでなく、肩やひざなど、さまざまな部位の力みを抜くための「準備状態」が整います。

腹圧を向上させるトレーニングでは、お腹と腰を均等に膨らませる「腰腹《こしはら》呼吸」を行います（１－１４ページ）。

ポイントは、**腰も膨らませる**こと。一般的な腹式呼吸のようにお腹だけが膨らむのではなく、できるかぎり腰とお腹が均等に膨らむようにコントロールするようにしてください。こうすることでお腹全体に均一に圧がかかり、腰椎（お腹周り）が安定します。

寝た状態で行うトレーニングとはいえ、しっかり継続して身体に落とし込まれてくると、実際のスポーツの動きの中でも腹圧が使えるようになります。

ただし、腹圧トレーニングのときに肩や腰などに力みを出しては台無しなので、その点だけ注意しておきましょう。

さらにフェーズ０の後半には、②力を入れるべき部位に刺激を入れて働きやすい状況をつくるトレーニングを行います。腹圧に加え、力を入れるべき部位がしっかり働くようになることで、さらに「脱力スキルを高める準備状態」が整います。

何度も繰り返しますが、力みは抜こうと思ってもうまく抜けないのが特徴です。脱力のためのトレーニングであるからこそ、そのための準備状態を整えることを重視しましょう。

フェーズ1

ストレッチ系（安定した状態での脱力練習）

フェーズーのトレーニングではストレッチを利用します。フェーズ0を十分にやってから進んでください。

ストレッチはその名のとおり筋肉を引っ張って伸ばして、柔軟性を高めるのが一般的ですが、脱力トレーニングにおけるストレッチの「目的」は少し異なります。

脱力トレーニングにおけるストレッチは**可動域を広げるものではなく、力を抜く感覚を練習するためのもの**です。可動域は〝結果として〟向上するという位置づけです。

各ストレッチで十分に筋肉が伸びた状態をつくったら、脱力し、筋肉の緊張を抜くことによって、筋肉が伸びていくことを感じるようにしてください。

伸ばすのではなく、「抜く」です。

絡んだヒモをうまくほどいたときのような、気持ちいい感覚をつくり出すように意識します。うまくできると、可動域がその場でどんどん広がります。

この**タイミングで腹圧が不十分だとほどける感覚が生まれません。**この感覚が見つからない場合は、フェーズ0の腰腹呼吸をストレッチポーズのまま行うようにしてみましょう。

次に、伸ばそうとしている筋肉以外の部位の力みを探します。

伸ばしていない部位を軽く動かしてみてください。きっとほかの部位にも力みが見つかるはずです。

見つかったら、腰腹呼吸しながらまた抜いていきます。

感知したらすぐ脱力する。

これを繰り返していくと、「自分は単に筋肉を伸ばそうとするだけでもこんなに力んでいたのか」ということが発見できると思います。

経験則ではありますが、「抜く感覚」がつかめると、通常のストレッチ方法よりも柔軟性は早く、かつ安全に向上します。

- **ストレッチを毎日やっているのに柔軟性アップの実感があまりない**
- **パフォーマンスにつながっている感じがしない**
- **ストレッチで身体を痛めたことがある**

こんな人にもこの方法はおすすめです。

フェーズ2

揺らす系（力の抜き入れの切り替え練習）

フェーズ2では、身体を揺らすトレーニングを行います。

スムーズに身体を揺らすためには、身体の力を入れる（出力）↔抜く（脱力）を瞬時かつ連続的に切り替える必要があります。脱力がパフォーマンスにつながっていくかどうかの分岐点です。

じっと筋肉を伸ばし、その姿勢を保持しつつ脱力を行うフェーズ1では、動きが少ない分だけ余裕があり、必要となる脱力スキルもシンプルでした。しかしフェーズ2のトレーニングで要求される脱力スキルは、もう少し複雑です。

力を抜いたら次の瞬間はすぐに入れ、入れたら直後にまた抜かなければなりません。切り替えが連続して求められるのが「揺らす」という運動です。

この切り替えがスムーズにできていない場合、うまくリズムがとれずにガクガクしたり、力んで大きく揺らすような動きとして現れます。

第2章で紹介したメッシ選手や山本由伸選手の例のように、多くの競技動作では瞬間的に力を入れ、直後に一気に力を抜くといった動作の繰り返しになっています。こういう切り替えがしなやかな動きの土台になります。

力んだ動きがパターン化されている選手は、多くの場合で抜くべきときに抜くことができず、常に力んだまま動こうとしてしまいます。

本書で紹介するフェーズ2の揺らす系トレーニングは、比較的揺らしやすい種類のものを選択していますので、積極的に取り組んでみましょう。

フェーズ3

落下系（急脱力によって重力を利用する練習）

フェーズ3では、落下する感覚とそれを使いこなす能力を身につけます。

落下を使いこなすには、揺らすよりもさらに急激で深い脱力が要求されます。

第2章で、トップアスリートたちの身体操作には必ずと言っていいほど大小の落下が関与していると解説しましたが、**落下を自在に操ることができると一気にハイパフォーマンスに向けたベクトルに乗ることができます。**

落下をイメージしやすい例としては、たとえば油断しているときにひざカックンされて倒れたり、転んだりしそうになる感覚です。

考えてみれば当たり前ですが、重力に抗って立っている姿勢や競技姿勢を保持している最中に急激に脱力すると、支える力を失った身体は重力によって落下、つまり地面に向かって加速します。

パフォーマンスで重力を利用するというのは、この**「力を入れていないのに加速できる」というメカニズムを動きのきっかけにしてしまうということ**です。

みなさんは急激に動き出すとき、力を入れないと動き出せないと思っていませんか？　「力感」（52ページ）のところでも解説しましたが、トップアスリートは動き出すとき〝こそ〟力を抜こうとします。

多くは逆ですよね。動き出しこそ大きな力が必要だと考えてしまうので、力みを生みやすいタイミングです。

「速く動き出したいときこそ脱力します」

選手たちはこのように表現します。これは脱力することで生じる落下を利用しているからこそ言えることです。実際、彼らの動き出しは一瞬だけ落下しています。

急激な脱力による落下（位置エネルギーから運動エネルギーへの変換）は、途中で力の方向を変えて前方や左右方向など平面の動きに転換できます。たとえばメッシ選手のように動き出しが速くて、読まれにくい選手は、このような運動方向の転換が非常にうまいです。

もうおわかりだと思いますが、脱力のスピードが不十分だと、落下はうまく起こりません。つまり、急激かつ深い脱力ができないと落下が扱えないのです。落下が扱えるか否かはパフォーマンスに大きな差を生みます。

では次のページから、脱力トレーニングの基礎であるフェーズ0から始めてみましょう（フェーズ2、3の脱力トレーニングは第4章で解説します）。

フェーズ0

腹圧を高め、脱力の準備状態をつくる

腰腹呼吸

1 へそ下を指でじんわり深く押す

口から息を吐きながら、腰とお腹をゆっくりと
膨らませ、指で押している力を
お腹周りが膨らむことで押し返すイメージ。
うまく腰も膨らんでいると
床も押している感覚が出る。

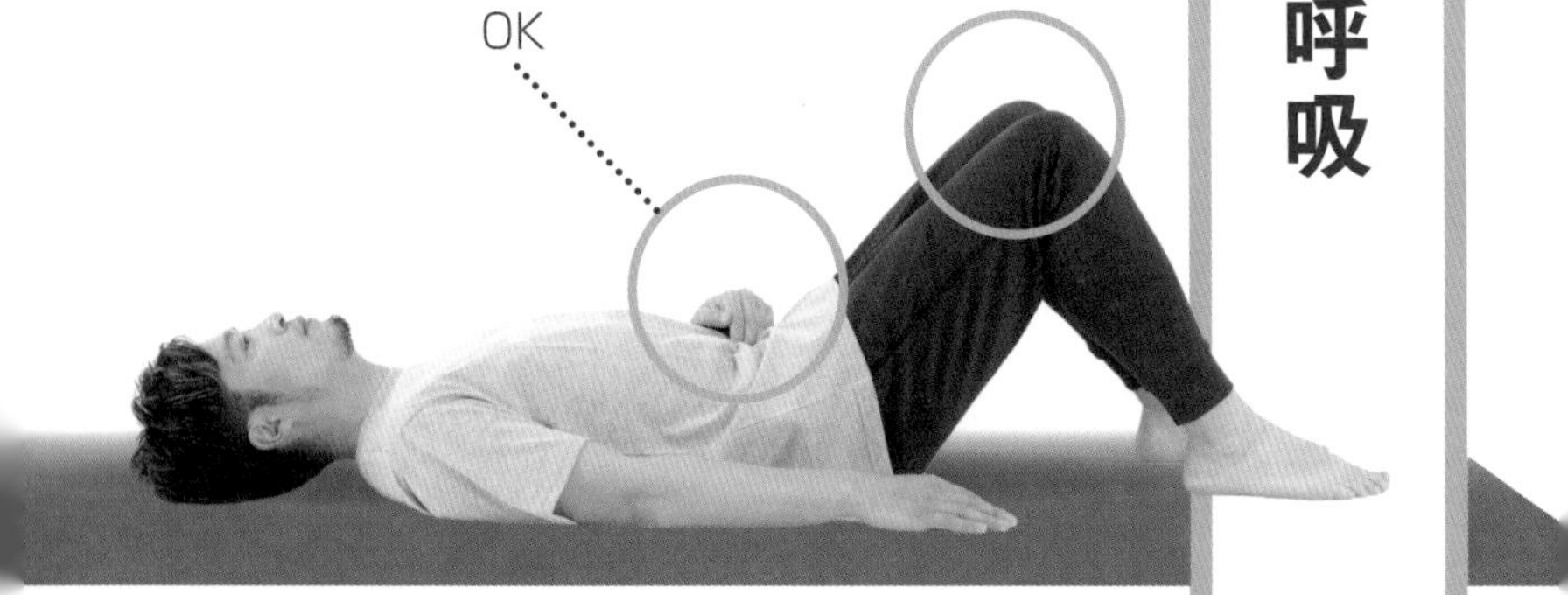

お腹と腰を膨らませ、腹圧を高める「腰腹呼吸」を行います。この呼吸を行う際、特に重要になるのがへそ下です。ここは固まって圧が入りにくい場所でもあります。

そこで、へそ下を指で押すことで膨らませる感覚がつかみやすくなると同時に、動きがよくなって腹圧の向上につながります。

しっかりへそ下が動くようになってきたら、お腹よりも腰のほうが大

動画はこちら

2 腰とお腹を膨らませたまま声を出す

1の状態のまま行う。このとき首が締まるような声ではなく、お腹が振動するように腹からゆったり声を出す。

腰とお腹を同時に膨らませにくい場合は腰の下に手を入れる、またはタオルを敷くと感覚がつかみやすくなる。

ここをチェック

- **胸ではなく、腰とお腹が膨らんでいること（腰腹呼吸）**
- **声を出している間もお腹と腰の膨らみが減らないこと**

きく膨らむようにコントロールしていきます。

フェーズ0

体幹と腕のつながり強化

後ろわき刺激

1 わきの後ろにあるくぼみを押さえる

離したときに押した感覚が
残るぐらいの強さで押さえる
（強い痛みが出ない程度で）。

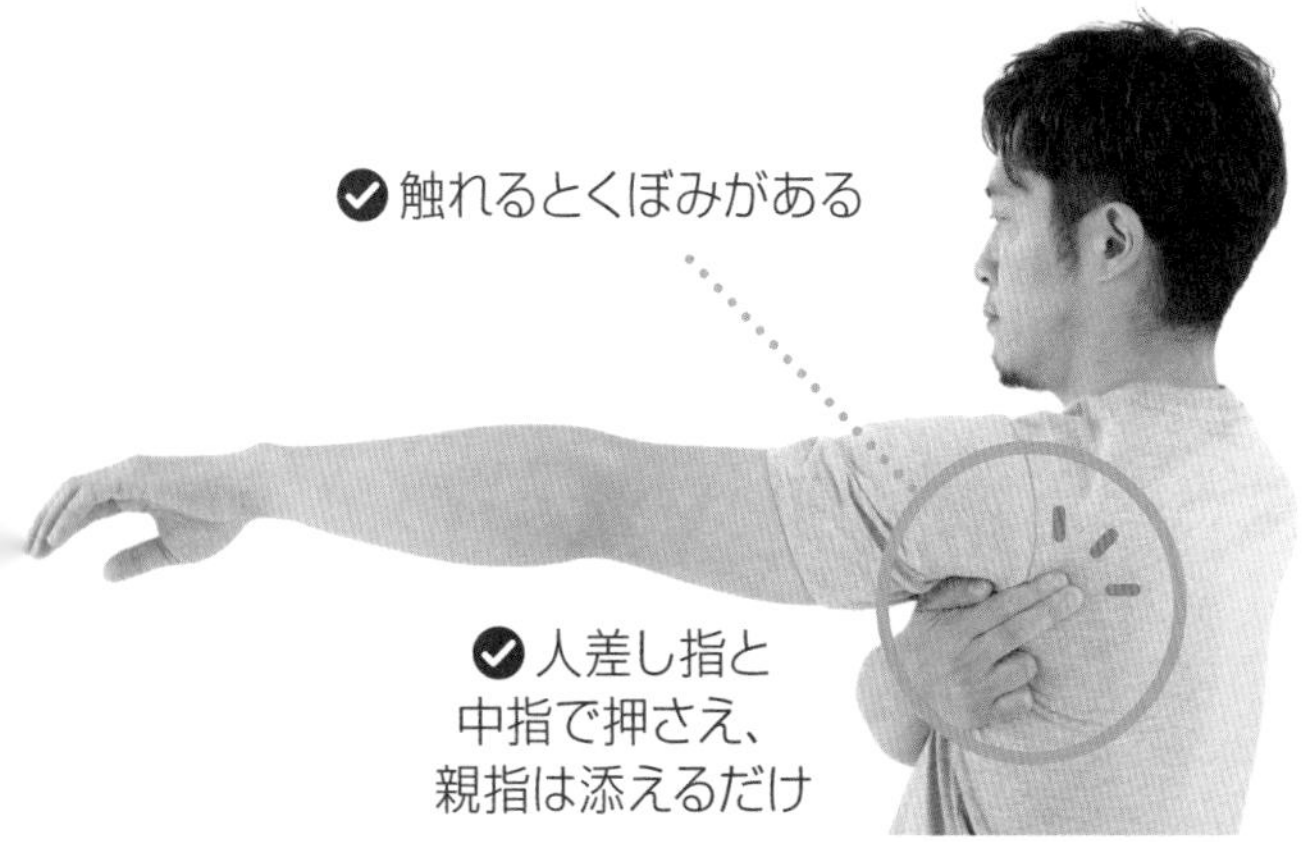

触れるとくぼみがある
人差し指と
中指で押さえ、
親指は添えるだけ

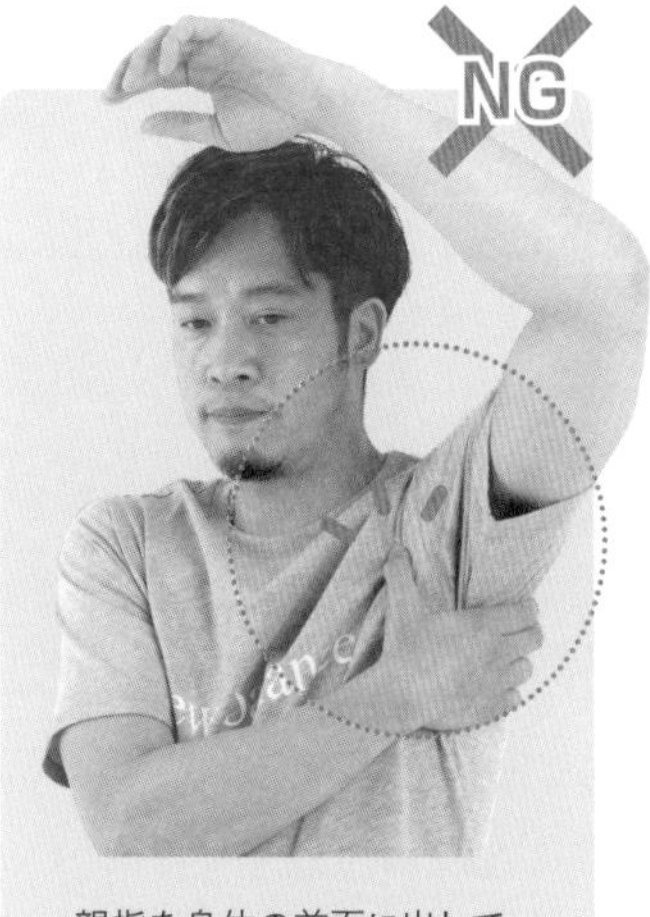

NG

親指を身体の前面に出して、
わき全体をつかまない。

後ろわきは肩甲骨周りにおいて「力を入れるべき部位」です。ここが働くようになることで肩甲骨周りの力みが抜けて、動きの自由度と力の伝達効率が向上します。

動画はこちら

2 腕を大きく後ろ回し・前回し

片腕ずつ行い、終わったら、
もう一方の腕も同様に。

両腕を上げる

どのくらい腕が上がるか、ラクに動かせるかをチェックする。

後ろわきのくぼみには体幹・肩甲骨・腕をつなぐ筋肉がたくさん重なっています。くぼみを押さえたまま腕を回すことで使いたくない筋肉の動きが抑えられ、力を入れるべき部位だけが働きやすくなります。

ここをチェック

- **刺激する前より改善されていればうまくできている**
- **片側だけ行って左右を比較すると変化がわかりやすい**

みぞおちのコントロール

1 あおむけになり、みぞおちを押す

じんわり指を沈める感覚で押します。
絶対に肩やお腹を力まないこと。

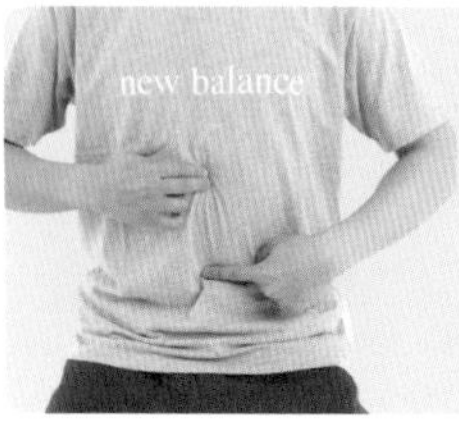

POINT
みぞおちの場所はへそから指4本分上。

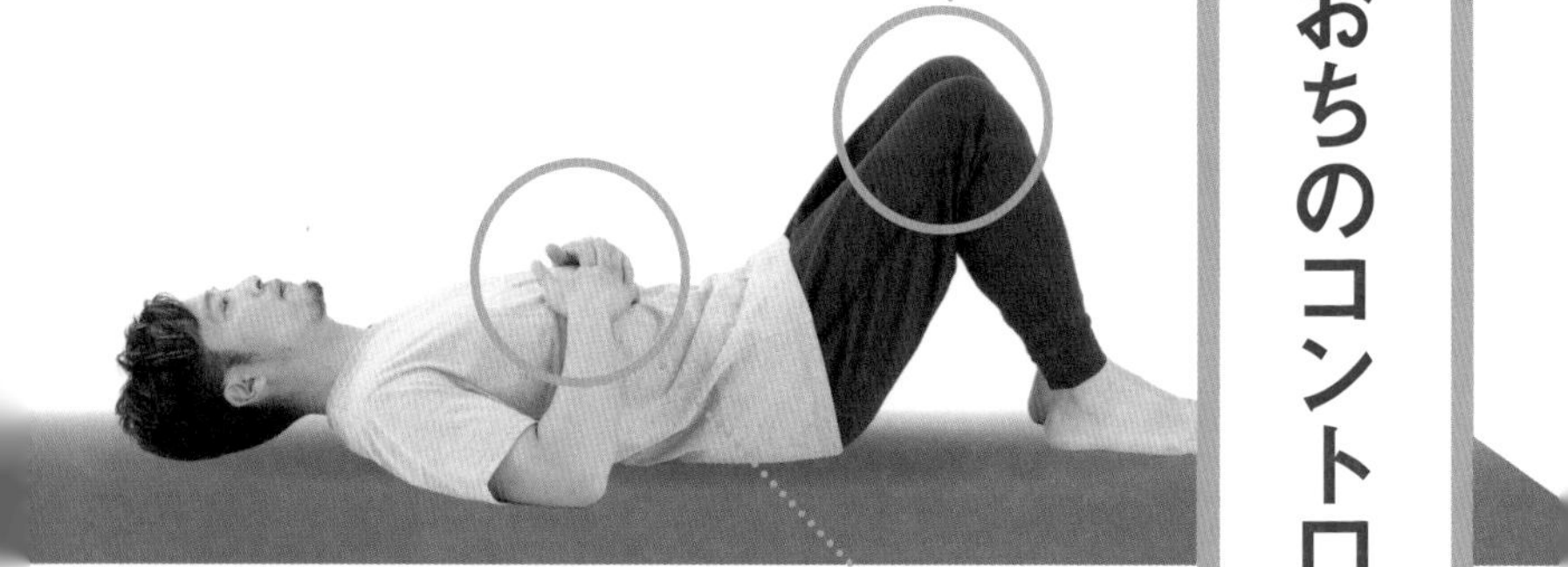

両ひざは立てる

手はこんな形。指先で押す

みぞおちは背骨と太ももの骨(大腿骨)を直接つなぐ唯一の筋肉=大腰筋が始まっている場所です。大腰筋は上半身と下半身の連動・力の伝達において重要な役割を果たすキーマッスル。人体の中でも非常に大きいこの筋肉が働きやすい

動画はこちら

2 1の状態から下半身を左右にねじる

腰ではなく、みぞおちからゆっくりねじるのがポイント。
みぞおちにねじれ感が生じるように動きをコントロールする。
押さえている指がゆるみやすいので、
押さえが浅くならないように注意。

状態をつくることは、脱力スキルを高めるうえでもっとも基本となります。指でみぞおちを押さえたまま背骨をねじることで、力を入れるべき部位が働きやすくなります。

ここをチェック

- **腰ではなくみぞおちにねじれが入ること**
- **腰に力みが入る場合は腰腹呼吸を改めて行うこと**

フェーズ 0

体幹と脚のつながり強化

もも裏刺激

1 片脚を一歩前に出し、鼠《そ》径《けい》部《ぶ》を押さえる

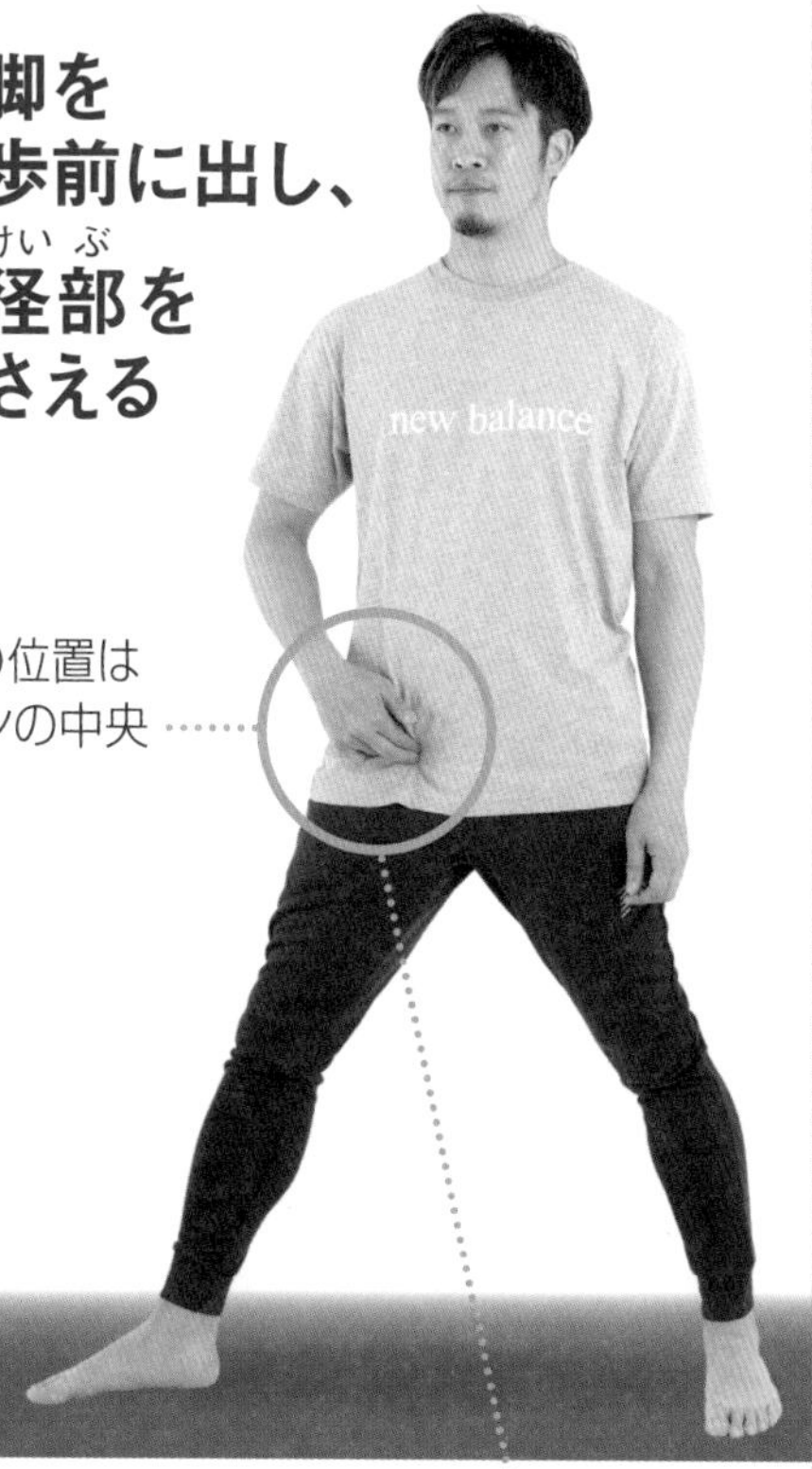

✔ 鼠径部の位置はビキニラインの中央

2 のときにこぶしで叩くのは、筋肉の「ストレッチがかかった状態で叩くと力が入りやすくなる」という性質を利用するため。

トレーニング中は上半身と股関節をうまくコントロールして、的確にもも裏の上半分にストレッチがか

POINT

人差し指と中指をクロスさせ、指先を使う。

動画はこちら

2 もも裏の上半分を伸ばしてこぶしで叩く

鼠径部を折るようにして
上半身を倒す
お尻の位置を下げない
叩く強さは
“肩たたき”ぐらい

鼠径部を中心に
上半身を倒すことによって
お尻が上がるようにする。
お尻を下げてしまうと
うまくもも裏が伸びない。
踏み出した脚のひざは伸ばしきらず、
軽く曲げておくこと。
必ずもも裏の上半分の
内側寄りを叩くのがコツ。
もう一方の脚も同様に行う。

ここをチェック

▶ **お尻の位置は下げない**
(むしろ上がる感覚)

▶ **腰を力まず、お尻を引き上げる**
(上半身を鼠径部で正確に曲げていると、骨盤が前に倒れてお尻が上がる＝もも裏上半分が正確に伸びる)

かった状態をつくるようにしてください。もも裏にしっかり力が入るようになることで、本来力を入れるべきではない前ももや腰の力みは抜きやすくなります。

フェーズ1

背骨・股関節脱力の感覚を習得

コモドストレッチ

1 両ひじをついて寝そべり、片ひざを立てる

足の位置はできるだけ前にセッティングする。
伸ばしたほうの脚はつま先を立てない。
立てると力みが出やすい。

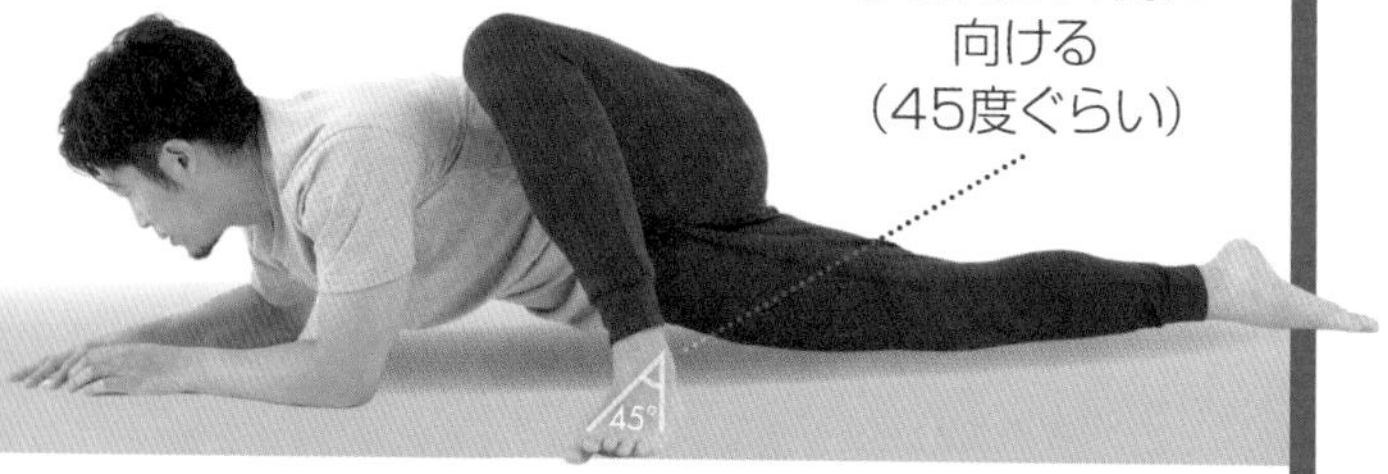
✔指先は外側に向ける（45度ぐらい）
45°

POINT
ひざ下（すねの骨）が床と垂直になるように足部の位置を調整する。つま先がパタパタできればOK。

2 曲げたほうのひざの内側に手を置く

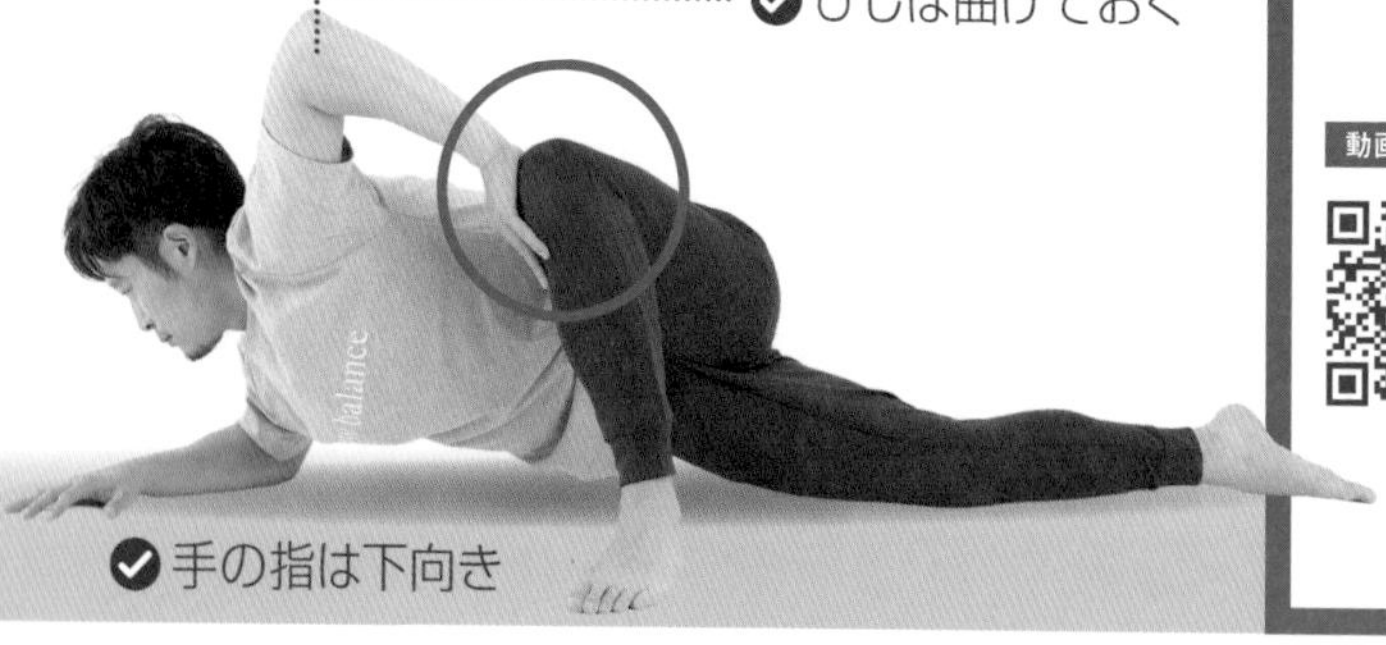
✔ひじは曲げておく
✔手の指は下向き

動画はこちら

3 2の状態のまま肩を床に近づけ、上半身を反対にねじる

2の状態からひじをゆっくり伸ばし、胸と顔を右に向けて体幹をねじる。深呼吸（腰腹呼吸）を繰り返してできるだけ力を抜く。3回程度の深呼吸を目安にして、左右を入れ替えて同様に行う。

ここをチェック

▼3は無理やりひじを伸ばそうとせず、肩をしっかり床に近づけることを優先

▼うまく脱力できると、全身が沈んでへそが床に近づいていく

コ

モドストレッチは肩甲骨・背骨・股関節周りの筋肉を同時に伸ばすことができるとても便利なストレッチです。

ポーズが少し複雑で、慣れるまでは全身に力みが起こりやすいのでていねいに行いましょう。伸びていると感じている部位はもちろん、そのほかの部位も力みを探して力を抜いていってください。これ以上抜いたらポーズを保持できないというギリギリのところを目指すのが脱力スキル向上のコツです。

フェーズ１

大殿筋と股関節の脱力の感覚を習得

大殿筋ストレッチ

1 床に座って右脚を前、左脚を後ろに伸ばす

伸ばす前にターゲットとなる
大殿筋（お尻の筋肉）、もも裏、
腰をやさしくさすっておくと
脱力のコントロールがしやすくなる。

右ひざは直角に曲げる
伸ばした脚のつま先は立てない

2 １の状態から上半身を前に倒す

前に出したほうの足裏を手のひらで
押さえるのがポイント。安定させることで、
脱力がしやすくなる。

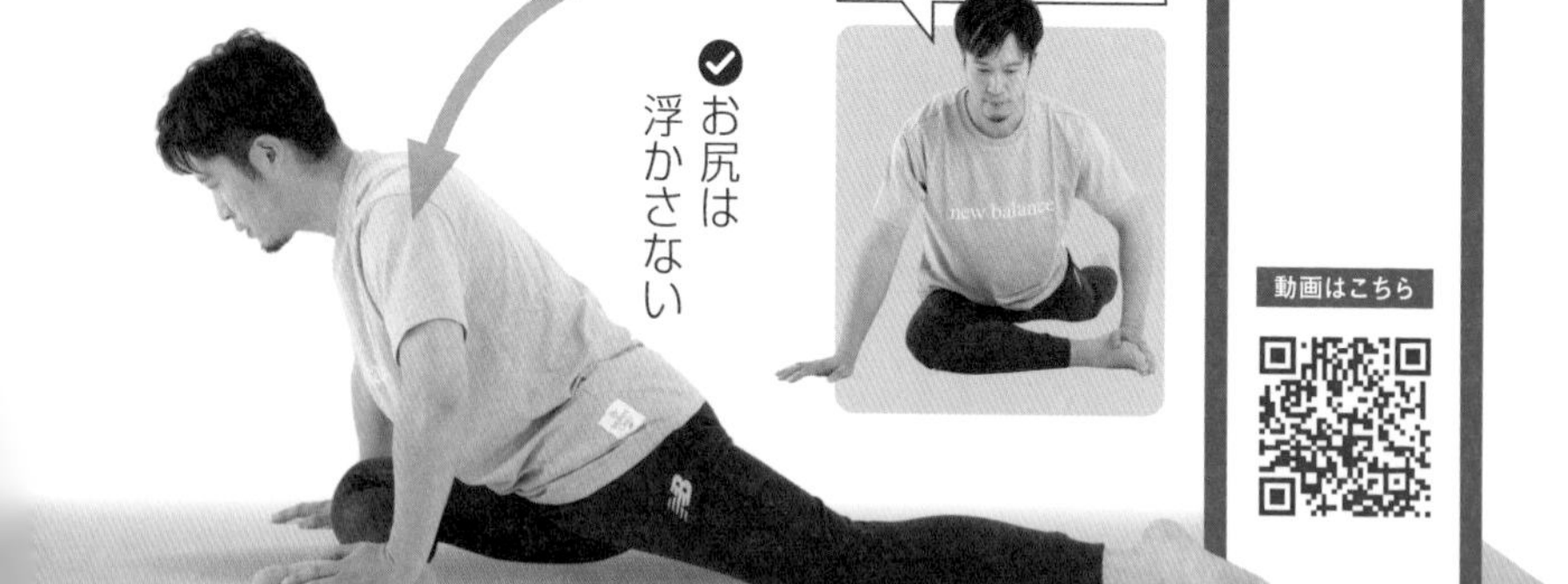
お尻は浮かさない

正面から見ると…

動画はこちら

3 腰腹呼吸で息を吐きながら さらに上半身を倒す

上半身を倒して、もう倒せないところまでいったら
そこでキープしたまま腰腹呼吸で脱力。
力が抜ける感じが出せたら、一度上半身を起こして繰り返す。
もう一方の脚も同様に行う。

胸の中心を
ふくらはぎに近づけていく
お尻は
浮かさない
ひざと足の甲は床に向ける

ひじを張ると足裏の押さえが安定する

ここをチェック

▼**うまく脱力できると、上半身の重さが前脚に乗ってくるような感覚が出る**

▼**お尻が浮かないこと**（脱力しにくくなる）

段階的にお尻・腰を脱力する方法。大殿筋（お尻の筋肉）もケアが不十分だと力みが抜けず固くなり、〝使えない状態〟になりやすい部位の代表格です。腰や前ももの力みにもつながります。ここでは腰腹呼吸で腰を膨らませることを特に重視してください。

大殿筋はお尻全体を包むように付着しているため、多方向に伸ばすのがおすすめ。ステップ2、3では胸の中心をふくらはぎ中央に向けて前傾させていますが、①ひざの外側、②ひざ、③かかとに向けても効果的です。

フェーズ１

背中の脱力の感覚を習得

ハーフブルーコ

1　あおむけになり、ひざを立てる

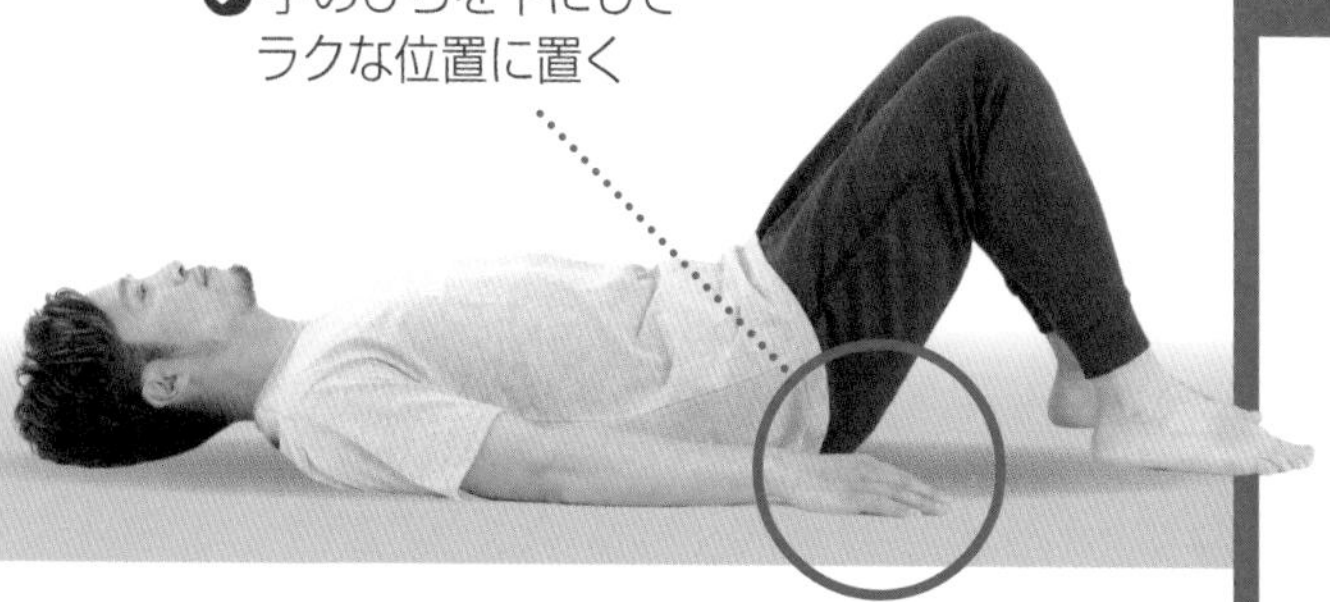
手のひらを下にして
ラクな位置に置く

2　両脚を持ち上げ、両つま先を床につける

つま先は頭の真上ではなく、左斜め上に着地させる。姿勢をキープしたまま、腰腹呼吸＋背中や胸にも空気を入れ、息を吐きながら背中と首を脱力。肩が力みやすいので注意。

ひざは軽く
くっつけたまま
体幹は少し
ねじれる
できるだけ
手は使わない

動画はこちら

3 2の状態から外側のひざを床につけ、さらに体幹を丸める

ひざをつけるのがむずかしければ無理をしない。
いったん姿勢を戻し、今度はつま先を頭の右斜め上に着地させる。
左右交互の動作を繰り返しながら、徐々にひざの着地に近づける。

力みの繰り返しによって、固くなりがちな体幹上部を脱力する感覚を養うストレッチ。背中にはさまざまな角度で筋肉がついているため、ねじる姿勢をつくることでストレッチがかかりやすくなります。

脱力するときは深い腰腹呼吸を心がけ、同時に胸や背中にもしっかり空気を入れてください。持ち上げた脚を戻すときは、背骨の骨を一つずつ床に着けるようにコントロールします。

ここをチェック

▼うまく脱力できるとひざとつま先に体重がかかってくる
▼ほかのストレッチよりも息を止めやすい姿勢なので注意

フェーズ１

股関節と大殿筋外側の脱力の感覚を習得

牛の顔ストレッチ

1 床に手足をつけ、ひざを交差させる

片方のひざ裏に
もう片方のひざが触れる位置にセット。

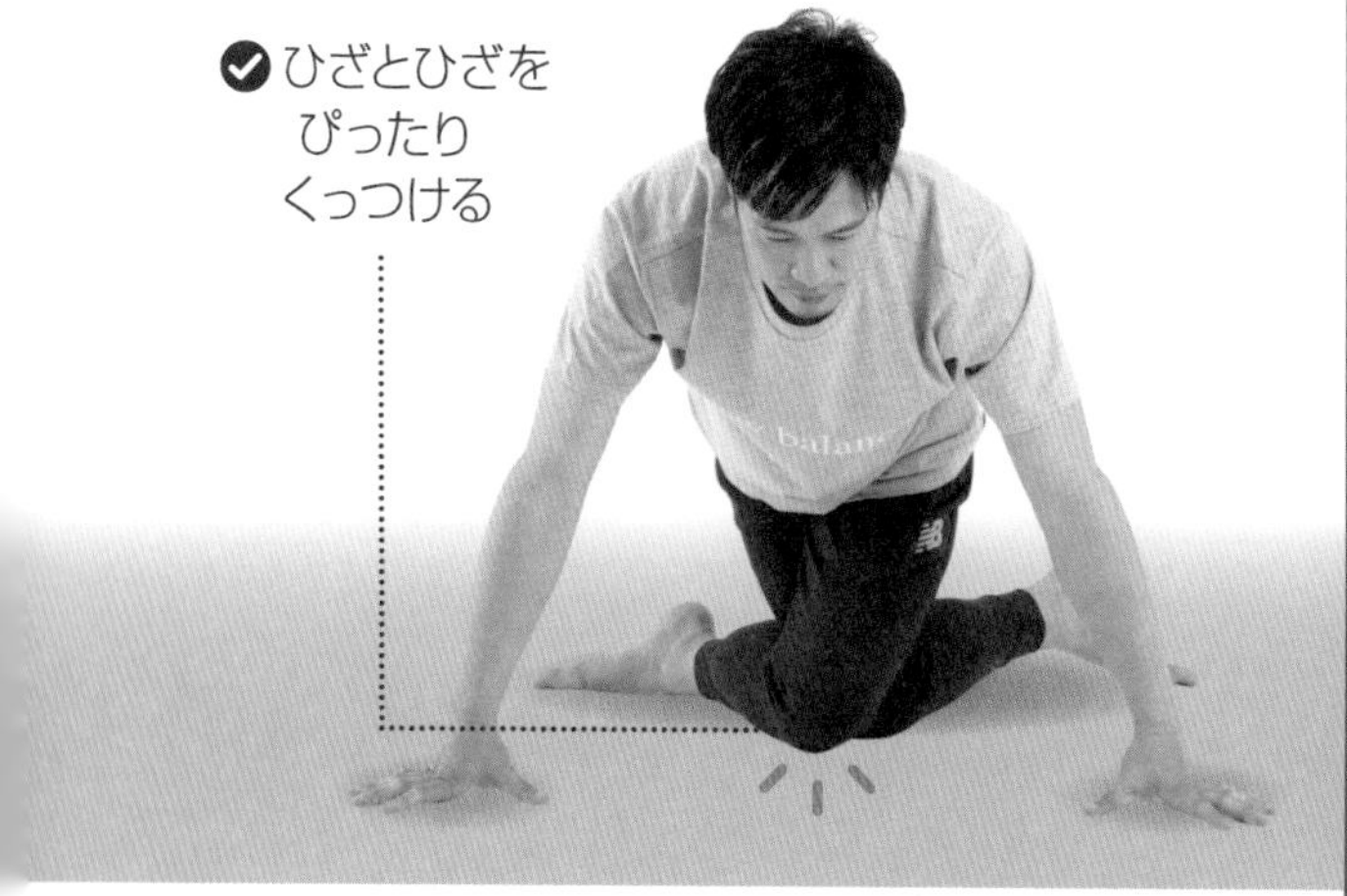
ひざとひざをぴったりくっつける

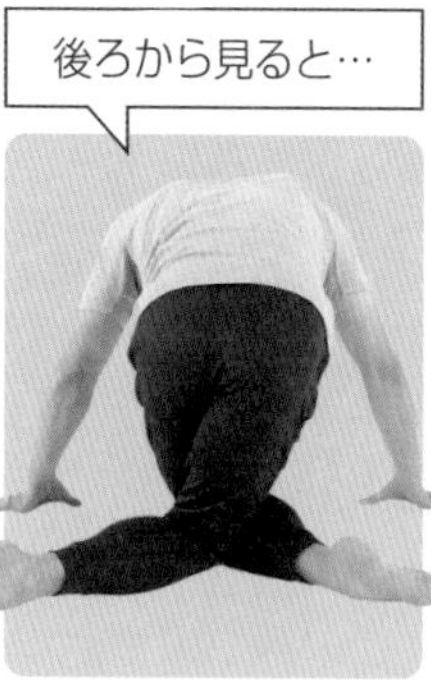
後ろから見ると…

牛の顔ストレッチは、両ひざが合わさるぐらい股関節を内側に曲げること（股関節の内転）でお尻の外側にストレッチがかかります。お尻の筋肉の中でも外側（太もも外側も含む）は特に力んで固まりやすく、力が抜きにくい部位です。

動画はこちら

2 1の姿勢から お尻を真下に下ろす

手の位置は動かさず、上半身を前に倒したまま超スローで行う。脚がずれる場合は手で足部を押さえてもOK。ゆっくりお尻を下ろしていく動きの中で、お尻と腰の力を抜いていく感覚を追いかける。お尻が伸びて、きついところまで到達したら、その姿勢をキープしたまま腰腹呼吸で脱力。ヒモがほどけるイメージの脱力が特に重要。

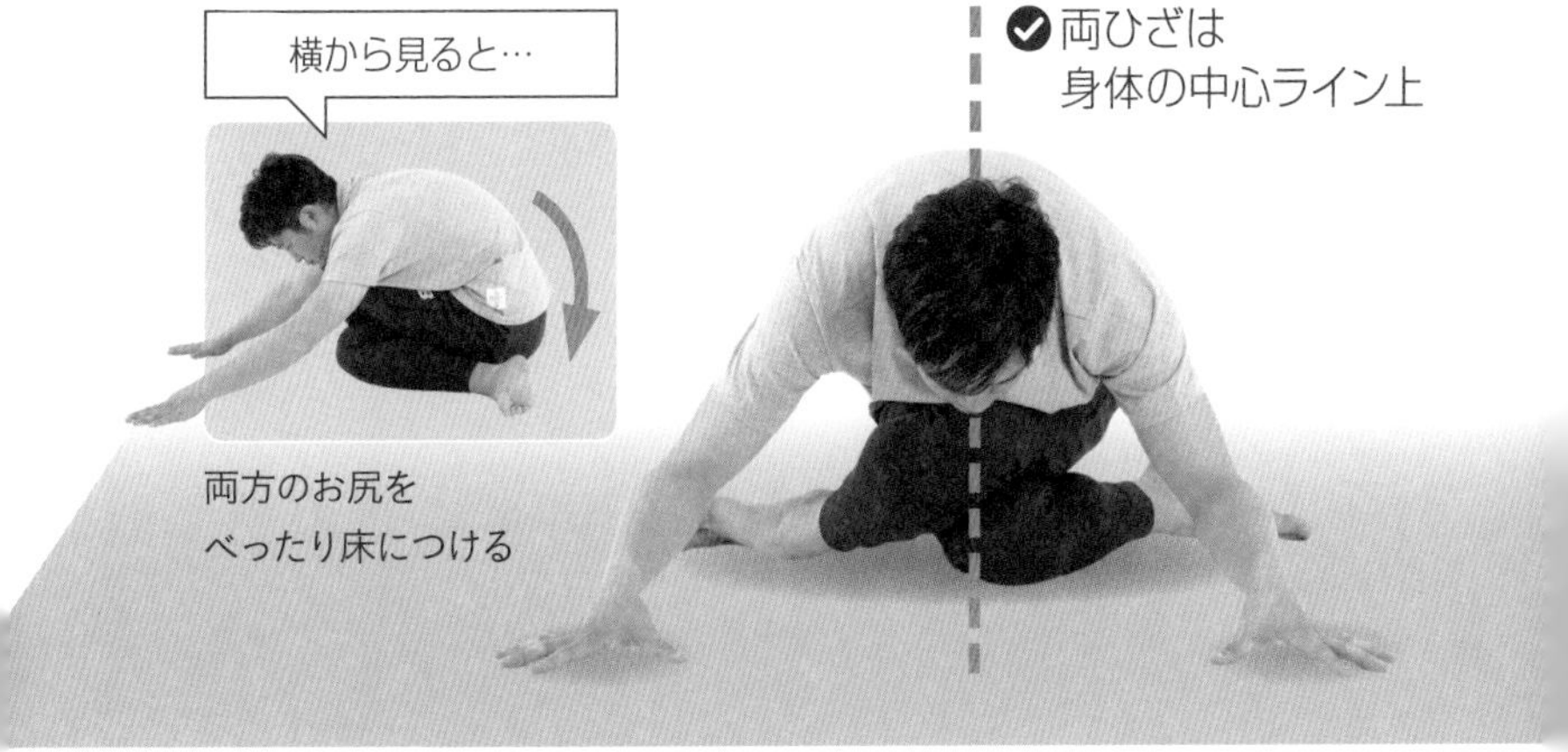
横から見ると…
両方のお尻を
べったり床につける
両ひざは
身体の中心ライン上

ここをチェック

- **両側のお尻を床につけたまま行うこと**
- **ひざをくっつけておくことで、お尻がしっかり伸びる**
- **うまく脱力できると上半身の重みがひざにかかってくる**

プロ選手でも苦手な人が多いですが、股関節の内転は競技動作でもよく使います。脱力の感覚がつかみにくい場合は、お尻の外側をやさしくさすって脱力を促すのが効果的です。

フェーズ1

大腿四頭筋の脱力感覚をつかむ

前ももストレッチ

1 床に座って足の親指と人差し指をほぐす

足の親指と人差し指は前ももまでつながっており（東洋医学でいう経絡）、先にほぐすことで前ももの筋肉を伸ばしやすくなる。

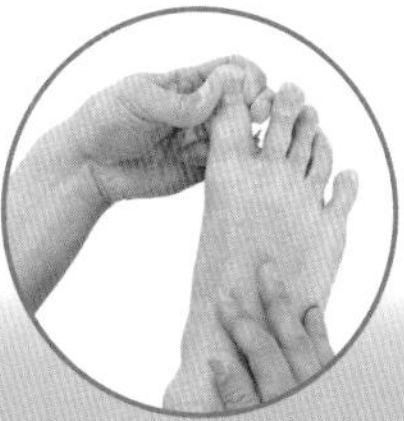

ほぐすのは親指と
人差し指の爪の両わき。

2 脚を伸ばし、ひざの皿の上をほぐす

手の親指などを使ってジワ〜ッと押し込むようにして皮膚ごとゆっくりほぐすのがコツ。

✔位置は
ひざの皿の上端から
指3本分ぐらい上
（膝蓋上滑液包《しつがいじょうかつえきほう》のある場所）

動画はこちら

3 2と同じ側のひざを曲げ、上半身を後ろに倒す

前ももが十分に伸びた状態で姿勢をキープし、腰腹呼吸を使って前ももを脱力。逆側も同様に。

腰が反らないように、反対側の脚は軽く立てておく
足の甲は真下

NG

ひざはまっすぐ、外に開かないように。

※3のあとに、ステップ1、2を行い、改めてステップ3をやってみてください。すると、前回より深く、ラクに上体を倒すことができるはずです。

ここをチェック

▼うまく脱力できると腰の力みもどんどん抜けていく
▼腰の力みを感じるときは、背中を床につけずにひじで支える

下半身の中で断トツに力みやすい、大腿四頭筋の脱力を促すストレッチ。この筋肉は骨盤から股関節とひざをまたぎ、すねの骨までつなぐ大きな筋肉で、股関節ともも裏をうまくコントロールしないとすぐに反応してしまいます。すでに固い人が多いと思いますが、無理に伸ばそうとしても脱力の感覚は養われません。ある程度伸ばした状態で腰腹呼吸を使いながら力を抜くことを大切にしてください。しばらく続けたら一度ひざを伸ばして、再び前ももを伸ばすと効果的です。

フェーズ１

体幹（胸椎）の脱力の感覚を習得

胸ねじり

1 よつばいになり、胸を床につける

必ずひざの真上に股関節の位置をキープ。お尻を後ろに引いてしまいやすいので注意すること。胸を床に近づける際、顔は正面に向け、姿勢をキープしたまま深呼吸。胸と背中を膨らませる（背胸呼吸）。

✔ひざは腰幅よりも少し広い程度に開く

✔ひざは股関節の真下の位置で固定

2 1の姿勢から上半身をねじり、腕を上げる

右腕は、左腕のわきの下をくぐらせてから横に伸ばす。左腕は真上に上げる。

✔側頭部を床につけて首はリラックス

✔両ひざは均等に体重をかけておく

動画はこちら

3 胸の中心で手のひらを押し合う

腕を下ろし、合掌して押し合いながら深呼吸（背胸呼吸）。一連の動作を巻き戻すようにして身体を3→2→1の順で元の位置に戻し、逆側も行う。

ここをチェック

▼うまく脱力できると、下側の腕にかかる圧が減り、ステップ1で胸が反らしやすくなる

胸椎や胸骨の動きは、パフォーマンスや姿勢に大きく影響を与えます。たとえば胸を反る動きが不十分だと肩甲骨の動きに制約がかかり、肩やひじ、そして腰や首のトラブルにつながることも。胸の動きは反る・ねじるの動きが重要で、胸ねじりはそれらを組み合わせつつ動きを上げていくためのストレッチです。ストレスやお腹の固さで胸椎はどんどん丸まって反りにくくなるので、ふだんからしっかりこのトレーニングを続けてください。

フェーズ1

体幹前面の脱力の感覚を習得

肩甲骨の内転

1 ひざを立てて座り、両手を後方に置く

両手は肩幅より
広い位置にセット
（幅が狭いほど難易度が上がる）
手の向きは
真横

2 1の状態から両ひじを近づける

手で床をじんわり押すことにより
両ひじを近づける。ひじがくっつくまでを
目標とし、肩甲骨周りの脱力を
繰り返しながら両ひじを近づけていく。

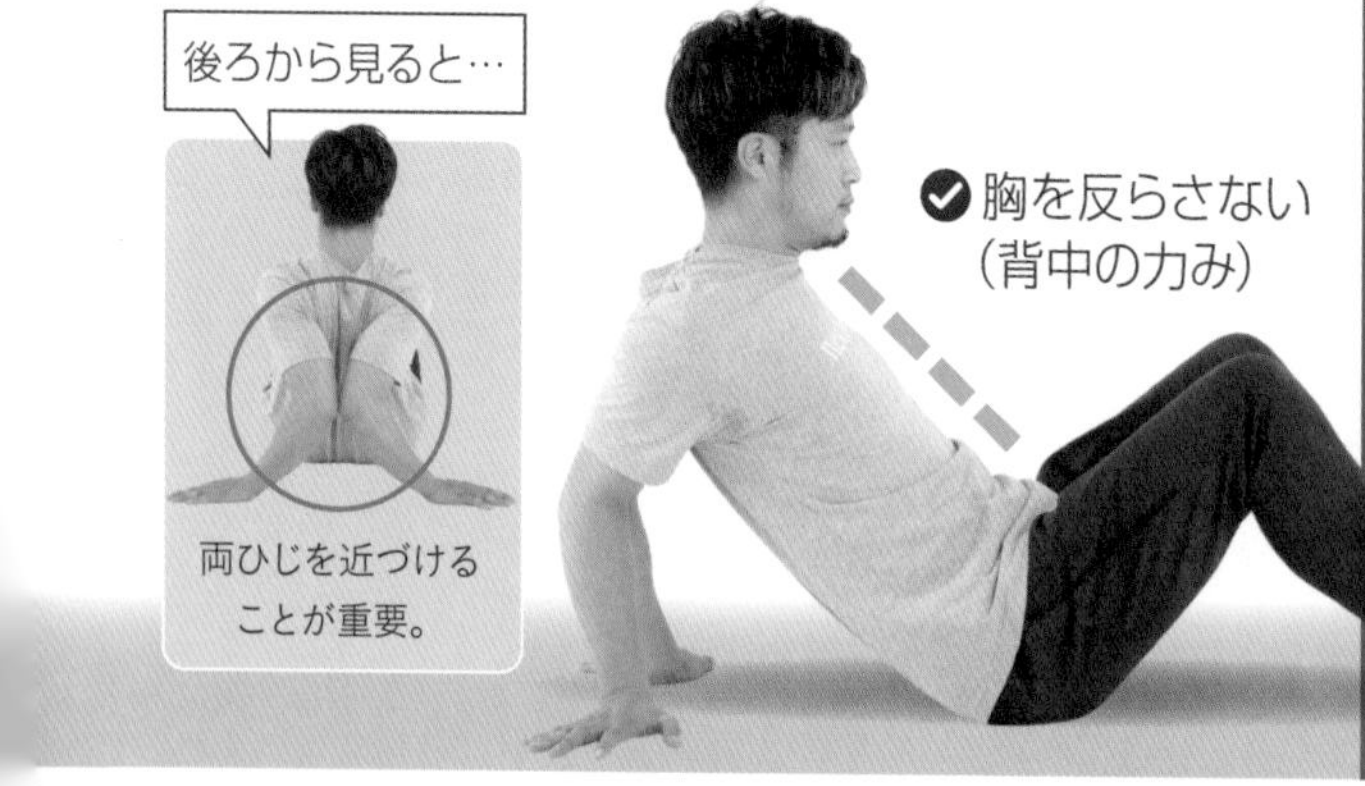
後ろから見ると…
両ひじを近づける
ことが重要。
胸を反らさない
（背中の力み）
ひざは立てたままリラックス

動画はこちら

3 2の姿勢のまま顔の向きの上下を繰り返す

反動は使わずに
ゆっくりやさしく頭を動かし、
ひじ寄せはキープ。
力むと肩が上がりやすいので
しっかり肩を下げておく。
顔が下向きになるときにひじが離れやすいので注意

ここをチェック

▼**うまく脱力できていると、肩が耳よりも後ろに移動していく感覚が出る**

▼**左右の肩甲骨の間に力みが出やすいので注意**

肩甲骨の内転とは背骨に対して肩甲骨が寄っていく動きで、おもにボールを投げる、ラケットを振るなど、腕をしなやかかつパワフルに振る場面で重要です。

内転向上のポイントは、脱力だけでなく、体幹は反らないように固定しつつ肩甲骨周りは脱力という使い分け（分離運動）。このトレーニングでは頭を上下することであえて胸が反りやすくなっています。反らないように腹圧・みぞおちをうまく働かせて体幹を固定しましょう。

COLUMN

スピードのある選手は必ず“ある筋肉”が発達している

「脚力」という言葉があるように、スピードを出すときに脚の筋力はとても大きな役割を持ちます。しかし実際には、脚力が上がれば上がるほど、動きの中でのスピードが出せなくなることをご存じですか？

脚の筋肉には車のアクセルとブレーキのように、スピードを出すのに役立つ筋肉（アクセル筋）と、減速する役割を持つ筋肉（ブレーキ筋）があります。

大まかに分類すると、もも裏（ハムストリングス）と内もも（内転筋）はアクセル筋、前もも（大腿四頭筋）と外もも（中殿筋）はブレーキ筋です※。

スピードがある選手は、必ずこのアクセル筋が非常に発達しています。メインアクセルとなるのは特にもも裏の筋肉ですが、中でも「上半分」が重要です。

もも裏の筋肉であるハムストリングスは、上半分と下半分で役割が異なります。実は上半分は脚全体を後ろに動かす力を、下半分はひざを曲げる力を発揮します。

そのため走るときにしっかり地面に力を伝えて推進力を得るには、上半分の作用である脚の付け根（股関節）から動かしたほうが効率がよく、スピードが出やすいのです。

[redacted]

階段を上るときに前ももが疲れてしまう人は要注意

では、アクセル筋をとにかく鍛えれば必ずスピードが上がるかというと、そう単純ではありません。一般的にアクセルの作用を打ち消すブレーキ筋が働くからです。ブレーキ筋の代表が前ももにある大腿四頭筋という筋肉。坂道を下ったりするときに、ひざが疲れてくる感覚の正体です。

スピードが上がりにくい人は、走るときにこの前ももが働いてしまい、無意識にブレーキをかけながら走っている可能性が高いです。これには上半身の角度や股関節の状態などいろいろな要因がかかわってくるのですが、階段を上るときなどに前ももが疲れてしまうなら要注意。かなり前ももを使うクセがついてます。

ブレーキ筋を抑制し、アクセル筋が働きやすいパターンを身につけるためにはフェーズ0で紹介したもも裏に刺激を入れるための方法(120ページ)が役立ちます。これはそのままアクセル筋の刺激になっています。ダッシュなどの前や合間に行うようにしてみてください。

※外ももと内ももは直接的ではなく筋肉のつながり上の分類。

第4章

「脱力トレーニング」の核心を知る　〈発展編〉

4

揺らす系脱力トレーニングの本当の目的

第3章で紹介したフェーズ0、1のトレーニングはいかがだったでしょうか？

体幹の安定、力を入れるべき部位の働きアップ、脱力の感覚がわかってきたと感じたら、フェーズ2「揺らす系」、フェーズ3「落下系」のトレーニングに進みましょう。

もちろん、フェーズ1までが十分にできていなくても、フェーズ3まで通してやってみるのもOKです。

ただし条件があります。**フェーズ3まで行ったあとは、次は必ずうまくできないところの「一つ前」から再スタートしてください。**フェーズ1がうまくできない場合はフェーズ0からやり直しです。

脱力の3つの階層図で説明したとおり、脱力スキルは影響関係にあります。「できないところ」の原因の多くは、その一つ前にあることが多いのです。

フェーズ2の揺らす系トレーニングでは、とにかくリズムを大切にしてください。

大きく揺らそうとしたり、速く揺らそうとしたりして力みが出れば本末転倒です。はじめはゆっくり、小さくでもいいので、同じリズムで続けられることを優先しましょう。

うまく脱力の感覚が得られてきたら、速さや揺れ幅を徐々に大きくしていきます。

人によっては筋肉を揺らす意識でやるより、骨を揺らす意識でやったほうが取り組みやすいという人もいるでしょう。その際は、どちらかやりやすいほうを選択してください。

可能であれば両方やったほうが有効ですし、筋肉と骨のどちらを意識するかによって揺れ方がどう違うか感じとれることも、脱力スキルを高めるうえでは効果的です。

立位姿勢は「くるぶしライン」で支える

フェーズ2・3のトレーニングで重要なポイントがあります。それは、立つときに「くるぶしライン」で体重を支えることです。

くるぶしラインとは、**内くるぶしと外くるぶしをつないだライン**のこと。くるぶしラインで立つと重心線が骨のラインと一致するため、筋肉で支える必要性を抑えることができる、つまり力みが起こりにくくなります。

この立ち方のコツは、**ややかかと寄りに体重をかけ、頭の重みをくるぶしラインで感じとるようにしつつ、少しだけフラフラするような感覚を探してください。**

もしフラフラする感覚をつかみにくい場合は、3歳児の歩きをイメージしてみましょう。

小さい子どもがフラフラと不安定に歩く様子は、大人の私たちから見るととても心配になる歩き方ですが、実はこれこそ力みのない立ち方・歩き方です。

幼児は力を使ってバランスをとるのではなく、「少しだけフラフラする感覚」を使ってバランスをとっているので、力みがありません（逆に大人はフラフラしないようにつま先寄りに体重をかけるため、しだいに力みにつながっていきます）。

トレーニングの初期はなかなか実感できないかもしれませんが、この立ち方は脱力スキルを高めるうえで欠かすことができませんので、なるべく意識してください。

では、フェーズ2から始めましょう。

くるぶしラインの立ち方

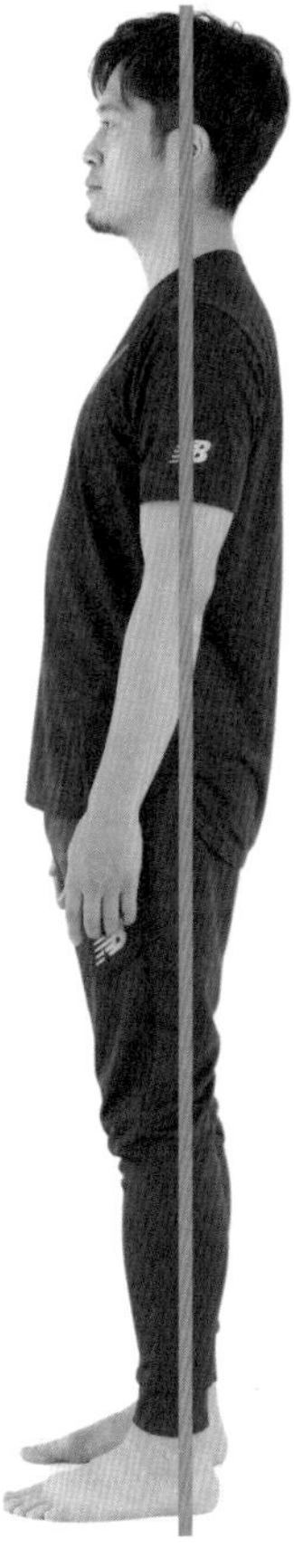

くるぶしラインで立つと重心線が背骨、太ももの骨（大腿骨）、すねの骨（脛骨）と一致。筋肉で支える必要性を抑え、力みが起こりにくくなる。

背骨を揺らす1

うつぶせ

1 うつぶせになり、こぶしの上に額を乗せる

こぶし・ひじ・お腹が支点となり
安定するため、身体を揺らしやすくなる。
両手のほうがやりやすければ、
手のひらを重ねて額を乗せてもOK。

✔ つま先は立てない

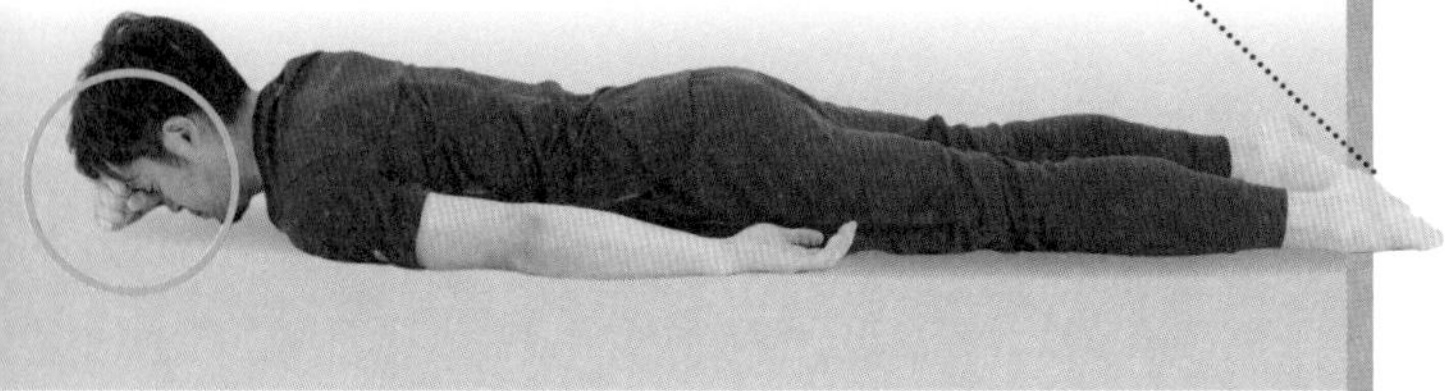

背骨を揺らそうとすると、基本的には「横揺らし」になると思います。この横揺らしは、背骨の側面に付着する大腰筋をおもに使うことが要求されます。

簡単に見える動きですが、体幹の大きな筋肉群や背骨周りの深い位置にある筋群を適度に脱力できていて、大腰筋の力の抜き入れを切り替えられないとうまく揺らすことができま

動画はこちら

2 背骨を小さく、ゆったり揺らす

ターゲットは背骨、つまり上半身ですが、
はじめは力まずに揺らせられればOK。
脚から揺らして徐々に背骨に揺らしを
波及していく形も有効です。

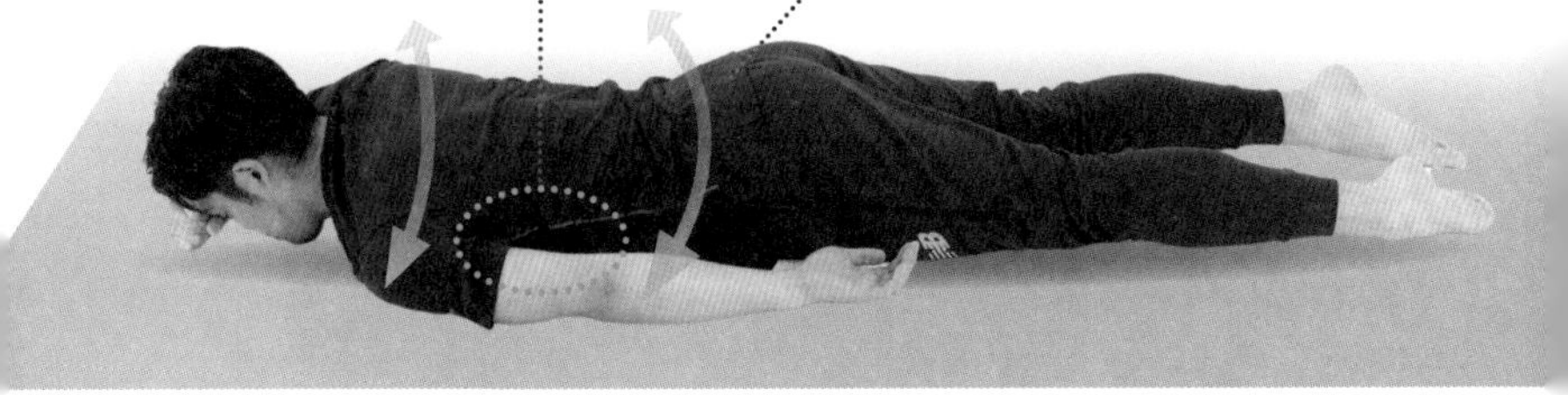
みぞおちを使って左右に揺らす感覚
腰を力ませないように注意

ここをチェック

- **うまく揺らせると背骨全体がつながって、波打つ感覚が出る**
- **背中ではなく、みぞおちの力を少しだけ使って揺らす**

せん。大腰筋は上下半身で力を伝達するなど非常に重要な役割を担う筋肉なので、ていねいに行ってください。

背骨を揺らす2

あぐら

1

あぐらで座り、みぞおちを押さえる

指が少し沈む感覚が
出るように背中の力みを抜く。
あぐらが組みにくい場合は
イスに座る姿勢でもOK。

手の形は
118ページを参照
左右の座骨に
均等に乗る

床に寝ている状態と違い、上半身を立てているので背骨周りに少し力みが出やすい姿勢です。みぞおちを押さえることで大腰筋が働きやすい状態をつくり、背骨を揺らす感覚を誘導しています。お尻周りを脱力し、座骨にかかる体重を繊細に感じとりましょう。

動きの中で左右均等に体重移動で

動画はこちら

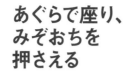

2 1の状態のまま背骨を小さく、ゆったり左右に揺らす

指をセンサーにし、みぞおちに力みを出さないように確認しながら、背骨を小さくゆったり左右に揺らす。

- 前かがみになったり、反ったりせず座骨に頭の重さを乗せる
- 揺らすときは左右の座骨に交互に体重を移動させる

ここをチェック

- 座骨にかかる体重を繊細に感じとる
- みぞおちに指が沈んでいる状態をキープする

きることで安定した土台となり、背骨周りの脱力を進めることができます。

フェーズ 2

背骨周りの力の抜き入れ

背骨を揺らす3

胸椎伸展

動画はこちら

1 よつばいの姿勢から胸を反らす

胸を伸ばすとき、お尻を後ろにひいてしまうと胸が伸びにくいので注意。腕をしっかり伸ばし、顔を正面に向けると胸が伸びやすい。

- 脚幅は腰幅よりも少し広い程度
- 手の位置は顔の正面で親指が上
- つま先は立てない

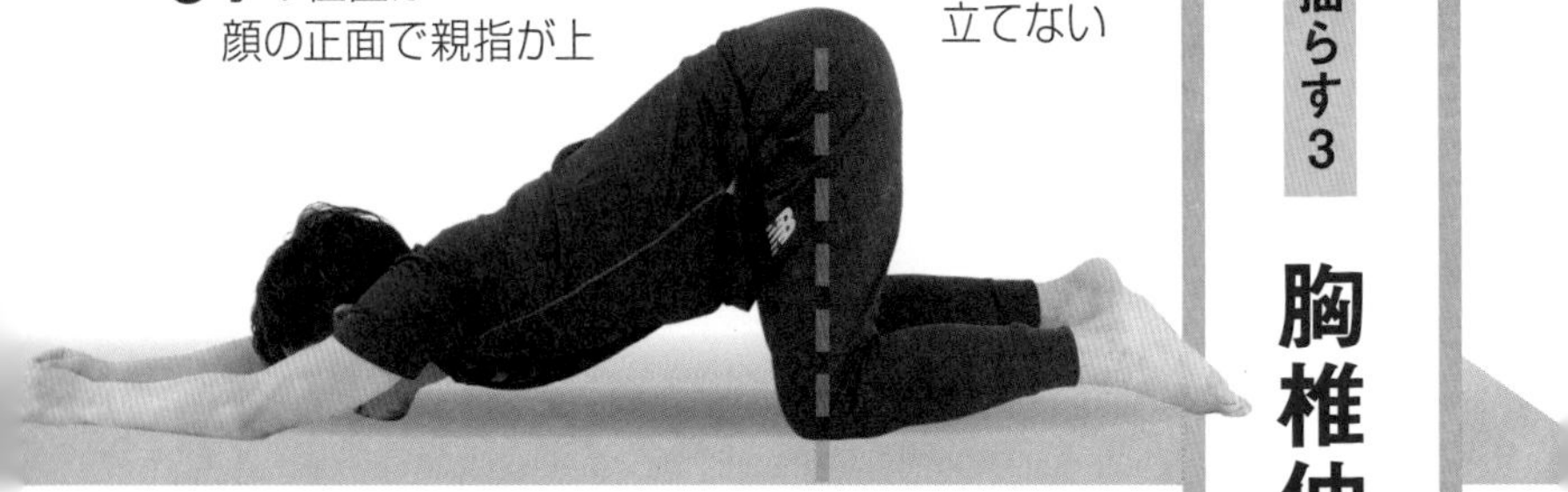

- ひざは股関節の真下の位置で固定

背骨を揺らす3種目の中でも、もっとも力みが出やすい「胸を反らす」姿勢で行います。

　胸を反らす動きはそもそも背中に力みが出やすい一方、パフォーマンスにおいてはどんなスポーツ(競技)にも共通する非常に重要な動きなので、胸を反らしながら脱力するスキルが欠かせません。

　反った状態で一度脱力し、はじめはゆっくり小さく揺らしましょう。力みが出なければ、揺らす大きさとリ

2 背骨を小さく ゆったり揺らす

お尻を揺らすのではなく、みぞおちを左右に揺らす感覚。
大きく揺らそうとせず、小さくゆっくり行うのがポイント。

正面から見ると…

✔ 脚で踏ん張って揺らさないように注意

✔ 揺らしにくい場合は胸の反らし具合を少し減らす

ここをチェック

- 胸を反るのではなく、背骨をぶら下げる感覚がほしい
- うまく揺らせると胸と肩が床に近づいてくる

ズムを徐々に上げていってください。
脱力がうまくいかない場合はフェーズ1の胸ねじり（132ページ）を併せて行ってください。

プルアウトトレーニング

肩甲骨の外転揺らし

動画はこちら

1 わきの下から手を入れ肩甲骨を触る

手はできるだけ後方へ伸ばし、手のひらで肩甲骨に触れる。手が届かない場合は指先で肩甲骨に触れる形でもOK。

横から見ると…

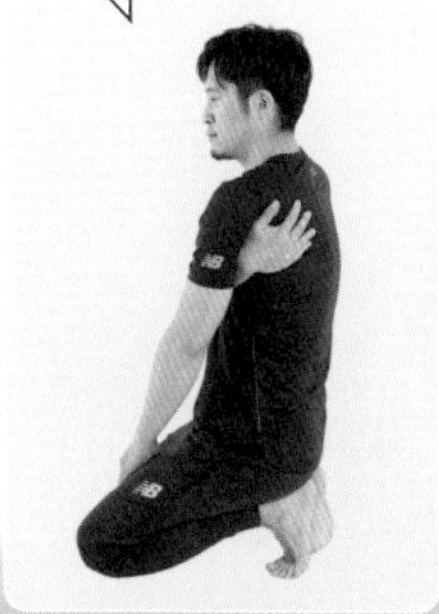

✔わきに入れる腕の上に反対側の腕を乗せる

肩甲骨の外転とは、肩甲骨が背骨から離れる動きのこと。力みが出やすい肩甲骨の間の筋肉を脱力し、肩甲骨の動きを滑らかにするのがこのトレーニングの目的です。

2で身体を揺らす際は、少し身体を横に傾けてから行います。肩甲骨にはさまざまな角度から筋肉がついていますが、こうすることでそれぞれが伸びる角度をとることができます。胸をねじってターゲット側の肩

2 揺らしながら、肩甲骨を引き出す

体幹を軽く横に倒し、そのまま揺らす。揺らしを利用して、じわじわと肩甲骨を前方に引き出す。体幹を反対側に倒し同様に行う。もう一方の腕も同様に行う。

手で肩甲骨を
じんわり引き出す
体幹は少しだけ
横に倒す

を少し前に出してから揺らすと効果的です。肩甲骨に手が届かない場合は、肩を上から押さえる形でもOK。

ここをチェック

- **うまく揺らせると、どんどん肩が前にずり落ちてくる感覚が出る**
- **肩がふんわり軽くなったらうまくできている**

肩甲骨の内転揺らし

スライドイントレーニング

腕を高速で振るとき、肩甲骨周りでの伸張反射（55ページ）は不可欠。その引き金になるのが、肩甲骨が急激に背骨に近づく動きである内転です。

　しかし多くの場合、内転しようとすると背中の力みが伴ってしまうので、腕の重みを利用し、背中・肩甲骨周りを脱力したまま内転するという動きを行います。こうすることで伸張反射に適した状態を習得するためのトレーニングになります。

動画はこちら

1

立った姿勢で軽く手首をつかむ

どちらの手でつかんでもOK。

2 ひじを軽く寄せて肩甲骨を揺らす

力みでなく、揺することで肩甲骨が寄ってくる。
揺らし方が3種類あるので、細かい動きは動画も確認。

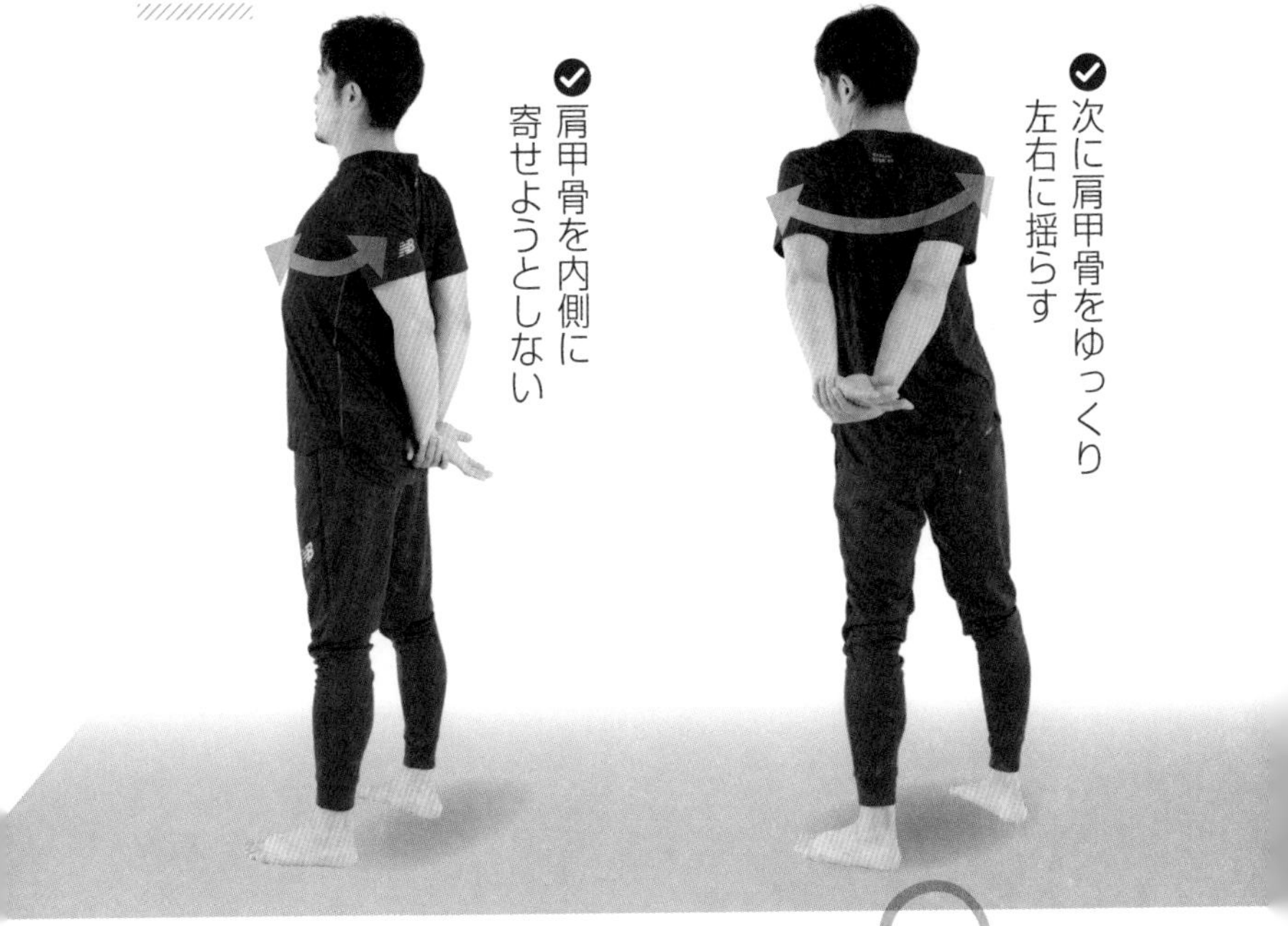

肩甲骨を内側に寄せようとしない
次に肩甲骨をゆっくり左右に揺らす

最後に上半身を前傾して肩甲骨をゆっくり左右に揺らす
手首は自由に動かす。

動きのバリエーション

ここをチェック

- **みぞおちの力を使って腕を揺する感覚**
- **うまく揺らせると、わきのあたりが軽くストレッチされる感覚が出る**

股関節の回旋揺らし1

屈曲ポジション

動画はこちら

1 両手を後ろについて座りひざを立てる

股関節周りの筋肉は、身体を支える土台となるため非常に固まりやすく、動きの中で力みが抜けにくいという特徴があります。
このトレーニングは座って行うことで身体を支える役割から股関節を解放し、その状態で揺らすことで脱力を促す目的があります。
速く揺らそうとすると力みが出やすいので、まずはゆったり大きく揺らすのがポイントです。

2 脚を内↔外に揺らす

片脚ずつ行う。上体は動かさず、股関節から動かすのがポイント。股関節周りに力みが出る場合は揺らす速さをゆっくりにする。

へその向きは
変えない
鼠径部を中心にして
脚をゆっくり揺らす

ここをチェック

- **ひざを内側に倒すときに、太ももに力みが出やすいので注意**
- **うまく揺らせると、ひざがどんどん床に近づいていく**

股関節の回旋揺らし2

大転子センサー

動画はこちら

1 片脚を伸ばし、足を揺らす

足首を基点にするのではなく、股関節（鼠径部）で揺らすこと。

股関節には表層から深層までたくさんの筋肉が付着しているので、さまざまな角度で揺らすことが重要。このトレーニングでは脚幅の広さを変えることで、さまざまな角度からアプローチします。

ポイントは手のひらで大転子（股関節の横にある骨の出っ張り）に触れること。股関節そのものは鼠径部のかなり奥深くにあり、本来、動きを感知することも、脱力もしにくい部位ですが、大転子は股関節に伴っ

2 脚幅をさらに広げ、1と同様に足を揺らす

脚幅を広げることで、
1とは違った部分の筋肉にアプローチできる。

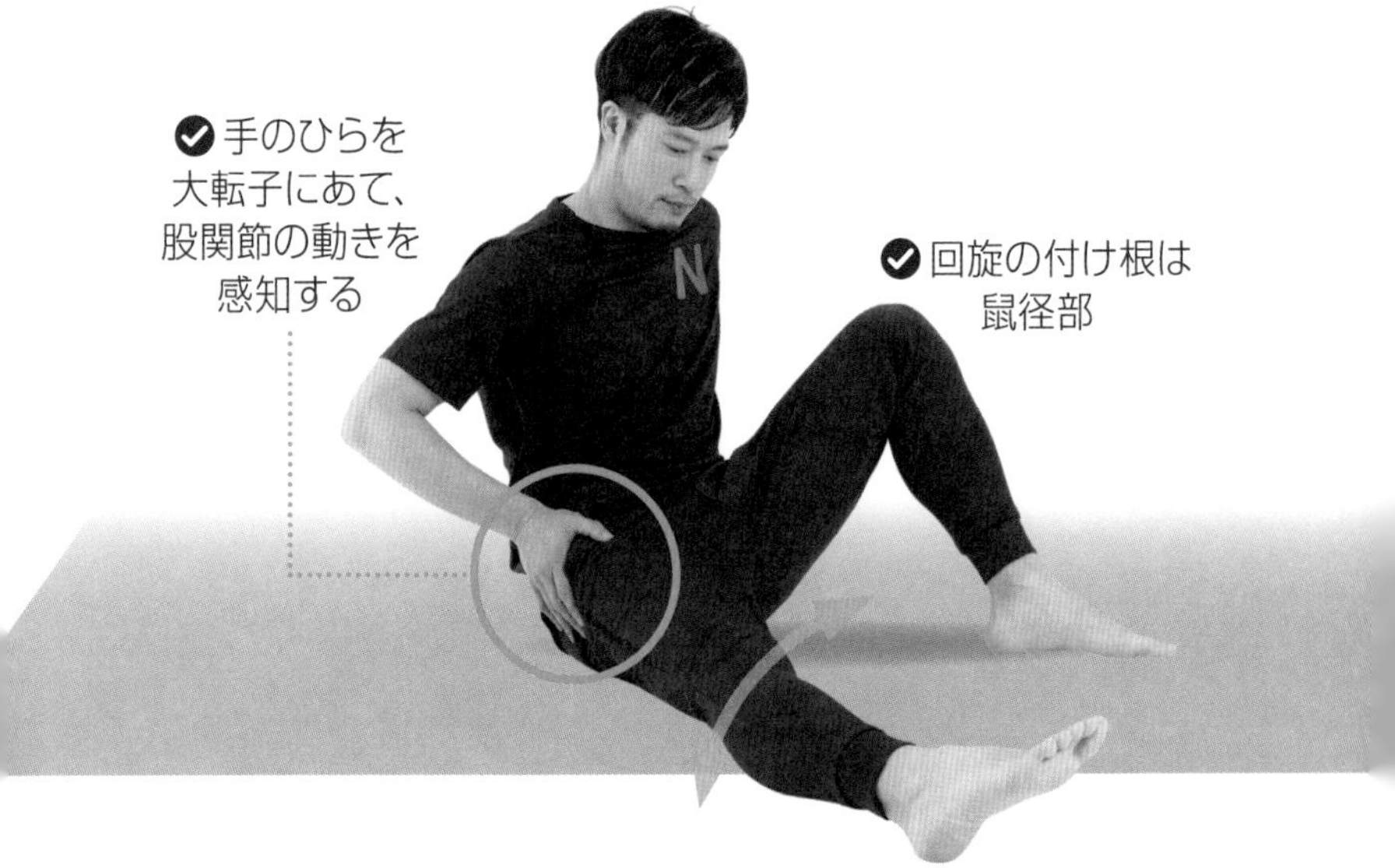

手のひらを大転子にあて、股関節の動きを感知する
回旋の付け根は鼠径部

て大きく動くので、触れることで股関節の動きがわかるセンサーになってくれるのです。これにより効率的に股関節の脱力を向上させることができます。

ここをチェック

- **脚をねじる動きが速いとセンサーが働かないので、とにかくゆっくり動かす**
- **うまく揺らせると、鼠径部の奥にある股関節の動きが感じられるようになる**

股関節の回旋揺らし3 うつぶせポジション

1 うつぶせになり、片方のひざを曲げる

脚は肩幅に開く。伸ばした脚はまっすぐにし、つま先を立てないこと。

両手はあご下（または額）にセット
ひざは90度

股関節はさまざまな動きができる関節なので、いろんなパターンを使って脱力を促す必要があります。うつぶせで股関節を回旋すると腹圧が使いやすく、脚の動きによる腰や上半身の力みを防ぐことができるセッティング。また、股関節の内旋・外旋がもっとも大きく出せる姿勢でもあるので、股関節周りの筋肉を深いところまで脱力していくのに適しています。

動画はこちら

2 ひざ下をゆっくり左右に揺らす

動きが速いと脚や腰に力みが出やすいので、
ゆっくり揺らす。

ここをチェック

- **腰に力みやねじれを感じたら腹圧が不足している**
- **うまく揺らせると、股関節の動きがくっきり感じられるようになる**

ただし、骨盤が一緒に動いてしまいやすいので、動かないように注意しながら行うようにしてください。骨盤を固定しようとすると腰に力みが出やすいので、腰腹呼吸を使って腹圧を高めることで力まず骨盤を固定します。

▼いよいよ「脱力トレーニング」の最終段階

本書での脱力トレーニングの最終段階、フェーズ3は「落下」の動きです。**落下させるのは、腕であり脚であり全身**です。第2章でもお伝えしたように、力まずに高いパフォーマンスを発揮する選手たち、つまり脱力スキルが高い選手たちはこの落下を利用しています。

パフォーマンスにおける落下を自在に操るには、これまで以上に短時間で、急激に脱力することが要求されます。なぜなら、急激に脱力できなければ落下は起こらず、ぎこちなく不自然に腕や脚を下ろすだけになるからです。これだと落下のメリットは得られません。

本来は、脱力すれば落下は起こせるはずです。

しかし、重力に身をまかせて落下できるほど瞬時に深く脱力することは、なかなかむずかしく、スムーズな落下が起こせないことがほとんどです。特に全身を落下させるような動きは、恐怖心も相まってなかなか緊張が抜けません。

そのためフェーズ3では、この**落下の感覚を得ながら脱力のスピードと深さを高める**ために、できるだけシンプルな動きでトレーニングを行います。

簡単に見えますが、プロの選手でもいきなり感覚をつかむのはむずかしいので、あまり気負わず取り組んでください。

では、次のページから始めていきましょう。

フェーズ3

肩甲骨周りの急脱力

肩を落とす1

肩落とし

1

最小限の力で肩を引き上げる

肩だけを力ませ、
背中や腰は力ませない。
くるぶしラインで
体重を支えること。

✔背中や腰の力みに注意

ターゲットとなるのが、いわゆる肩こりポイント。この部位が力むと肩が上がった状態になり、たとえば走っているときに腕の力が使えないなど、ボディバランスや力の伝達において非常に不利な動きになります。

肩の力をうまく抜き、腕の落下を操れるようになるためには、まず腕の付け根である肩の落下の感覚が重要。その感覚が得やすいように、あえて肩を上げたところから落下するように設定しているトレーニングです。

動画はこちら

2

一気に脱力して肩を落とす

息を吐きながら
一気に脱力する。

✔ 腕はだら〜んとさせる

ここをチェック

- うまく落下できると、落下の衝撃がくるぶしラインに伝わる
- 肩が落下したあとにまだ肩の力みを感じる場合は、脱力が不十分

NG

頭が前に崩れやすいので注意。頭頂・耳・肩・外くるぶしのラインは一直線にキープ。

肩を落とす2
ひじ落とし

動画はこちら

1

指で肩に触れる

くるぶしラインで立つこと。

ひじは正面に向ける

胸を反らさない。反らすと肩甲骨が動かなくなる

手の甲を内側に向け、薬指と小指で肩に触れる。

目的は「肩落とし」（162ページ）と同じですが、ひじや手の動きが加わるので少しだけ難易度がアップ。まずはゆっくりと「ひじから落とす動き」をマスターしましょう。

このとき、胸は動かさないようにキープ。腕を勢いよく落下させると、その動きにつられて体幹がぶれることがあります。そのため腰腹呼吸を使って体幹を安定させ、肩と腕

2

両ひじを上げ、腕を落とす

ひじから上げて、
ひじから下ろす要領で行う。
ひじを動かすルートは
耳のすぐ近く。
息を吐きながら腕を落とす。

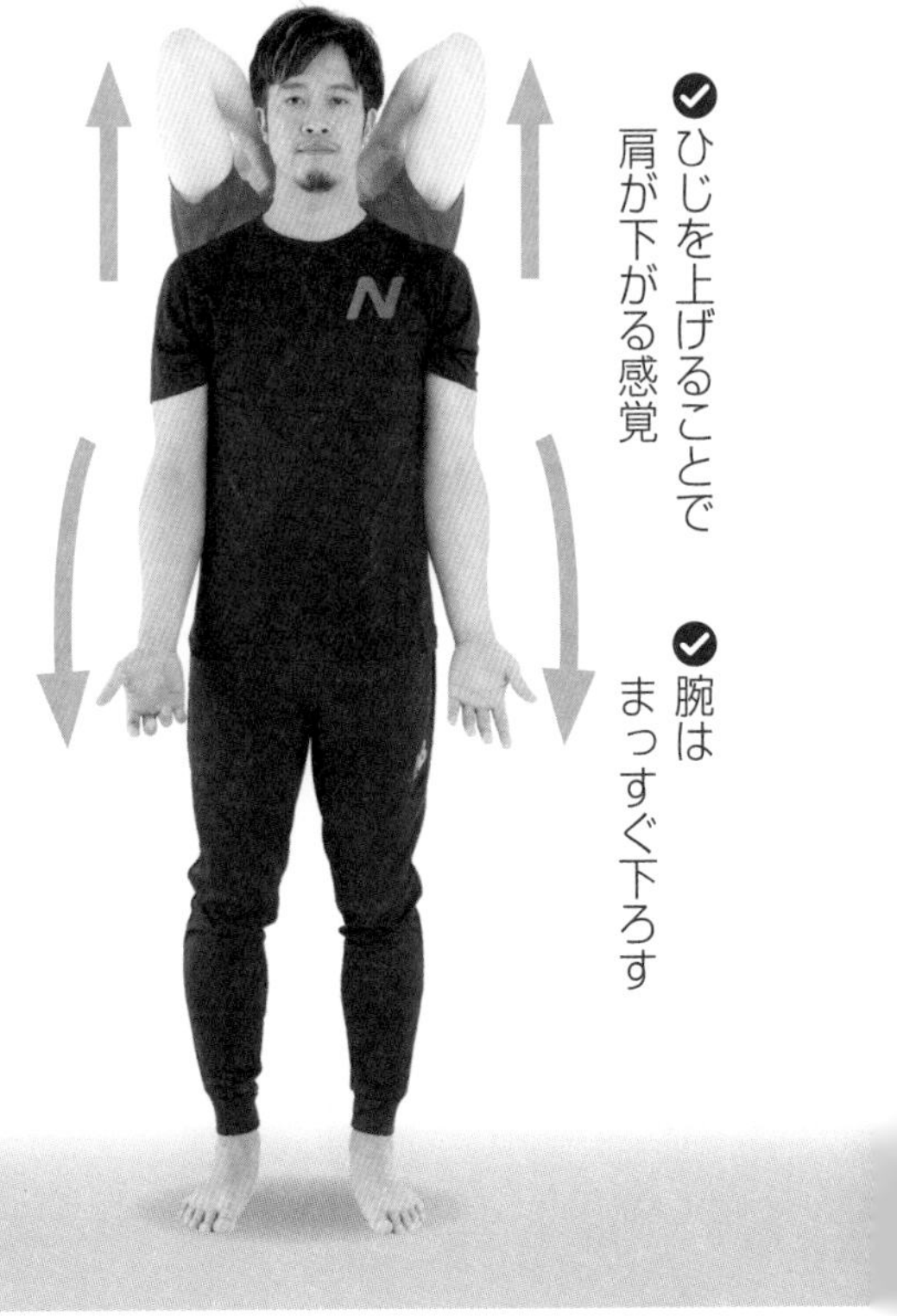
ひじを上げることで肩が下がる感覚
腕はまっすぐ下ろす

だけを動かすのがコツ。肩の落下と体幹を固定する動きを分離させることで、肩甲骨が関与するパフォーマンスの質を上げることができます。腕を〝根っこから〟落とす感覚を得るために重要なトレーニングです。

ここをチェック

▶ **うまく落下できると、手が勝手に加速する感覚が出る**

1 腕を垂直に上げる

手のひらの向きに注意。顔のほうに向ける。

手のひらを
顔のほうに向ける
腰腹呼吸で
腹圧を
上げておく

腕を落とす

肩とひじの急脱力

肩の落下のカギが肩甲骨なら腕の落下はひじにあります。腕の落下においてはひじ周りの筋肉を急脱力できるかがその質に影響します。このトレーニングでは腕をまっすぐ保った状態からいかに急激に、スムーズにひじ周りを脱力させ、落下ができるかがポイントです。

手の向きはひじの脱力によって落下が起こりやすいように、必ず顔のほうに向けましょう。落下中に手の

動画はこちら

2 肩とひじを急脱力して腕を落とす

息を吐きながら腕を落とす。必ずひじから落下し始め、ひじ、手のひらの順で着地。もう一方の腕も同様に。

POINT

先にひじを着地させ
そこからさらに
脱力する

「パチン」と
音が鳴るぐらい勢いよく
着地は手の甲ではなく手のひら

ここをチェック

- **うまく落下できると、手の向きが勝手に変わる感覚が気持ちいい**
- **うまく落下できると、力を入れていないのに手のひらでかなり強く床を叩ける**

向きがぐりんと勝手に変わって、着地するときに手のひらが地面に着くとうまくできています。

フェーズ 3

背骨の急脱力

背骨を落とす

みぞおち抜き

動画はこちら

1 あぐら座りをして背筋を伸ばす

手を脚で引っ掛けながら胸を張り、息を吸う。

胸の位置が高くなるようなイメージを持つ

両座骨で頭の重みを均等に感じとる

背骨の急脱力による落下は、特に落下トリガーを利用した動き出しのときに重要です。この動きのときに必要なのが、まず背筋群の脱力です。背筋群はかなり酷使され、力みっぱなしで急激な脱力がむずかしくなっていることが多いので、まずは座った状態から少しずつ背骨の力みを抜く感覚を磨きましょう。

抜くときの中心はみぞおち。みぞおちは力を入れるべき部位であると同時に、一瞬で脱力することによって落下に強く影響する部位でもあります。

2 みぞおちを一気に抜いて落下

息を吐きながら、
背骨を後方に崩すようなイメージで脱力。

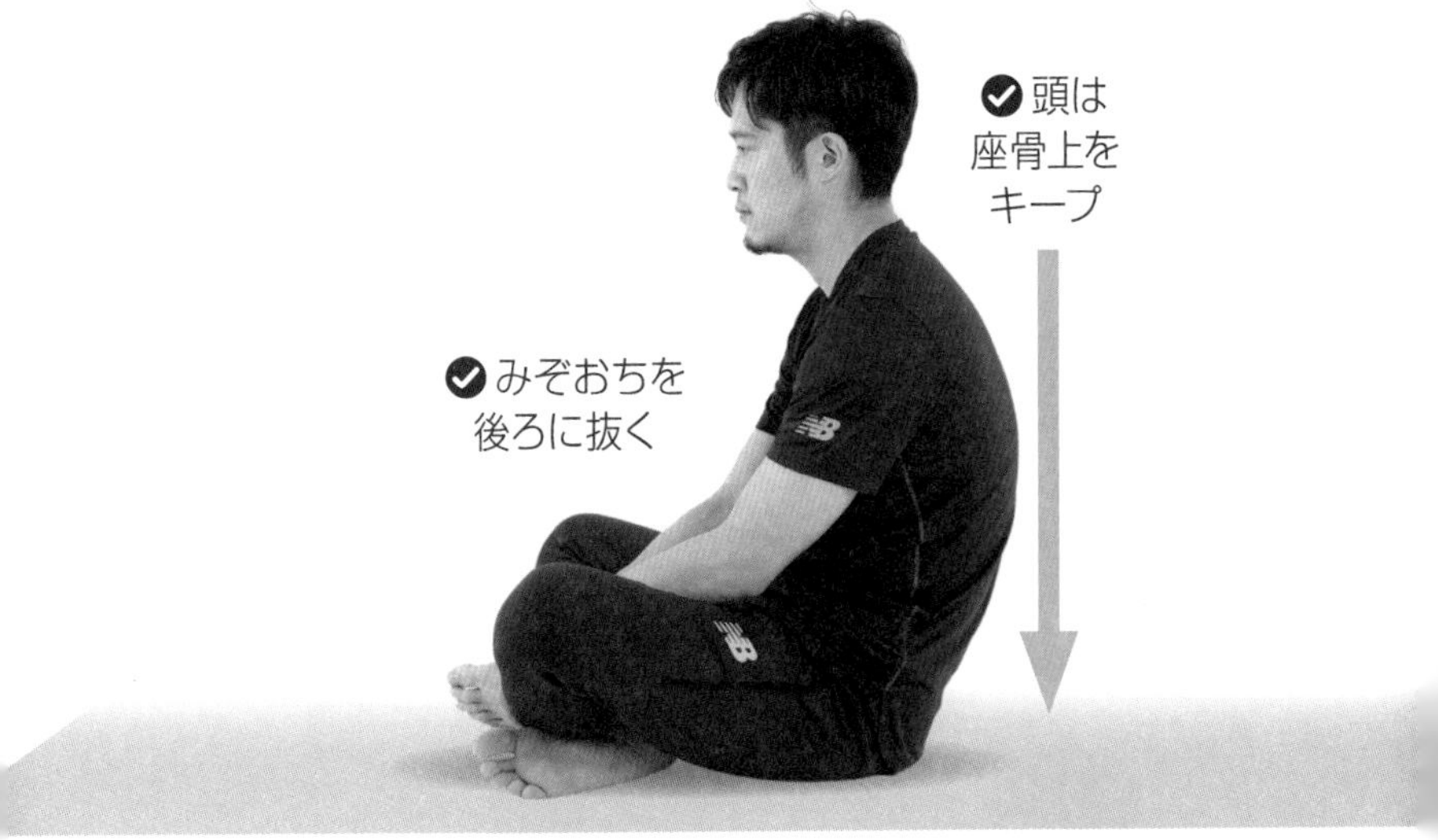
頭は
座骨上を
キープ
みぞおちを
後ろに抜く

ここをチェック

- 落下の衝撃は両側の座骨で均等に受ける
- うまく落下できると頭が真下に落ちるような感覚が出る

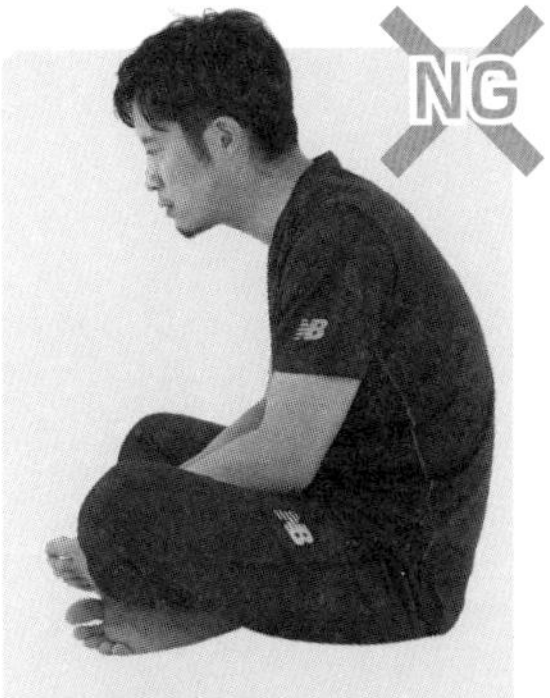
NG

背骨を崩したときに
頭が前に出ないこと。

脚を落とす1
安定ポジション

動画はこちら

1 仰向けになり、ひざを立てる

脚は土台として体重を支えるために力みっぱなしになっていることが多い部位です。特にスポーツではパワー型のトレーニングの影響もあり、脚の脱力スキルは育ちにくくなっています。

このトレーニングでは脚の脱力と落下の感覚を得やすいように、「滑る」という動きを利用しています。身体を支える仕事から脚を解放し、脱力のスピードと深さを磨いていきましょう。

2 かかとを滑らせ、脚を落下させる

息を吐きながら脚全体を脱力し、
かかとを滑らせて、一気に脚を落下させる。
かかとが滑りにくい場合は靴下などをはいて行う。
もう一方の脚も同様に行う。

✔ かかとはまっすぐ滑らせる

ここをチェック

- **うまく落下できると、ひざ裏がかなり強く床に着地する**
- **うまく落下できると、足部が勝手に加速する感覚が出る**

脚を落とす1　安定ポジションのバリエーション

いずれも171ページの2の動きのバリエーションです。脚を倒す角度によって、脱力する部位が微妙に変わるのを体感してみましょう。1の次にそれぞれ行ってください。

ひざを
内側に

ひざを内側に倒してから かかとを滑らせ、脚を落下

内側に倒す角度は無理のない範囲で。
落下させるときは息を吐きながら一気に脱力すること。

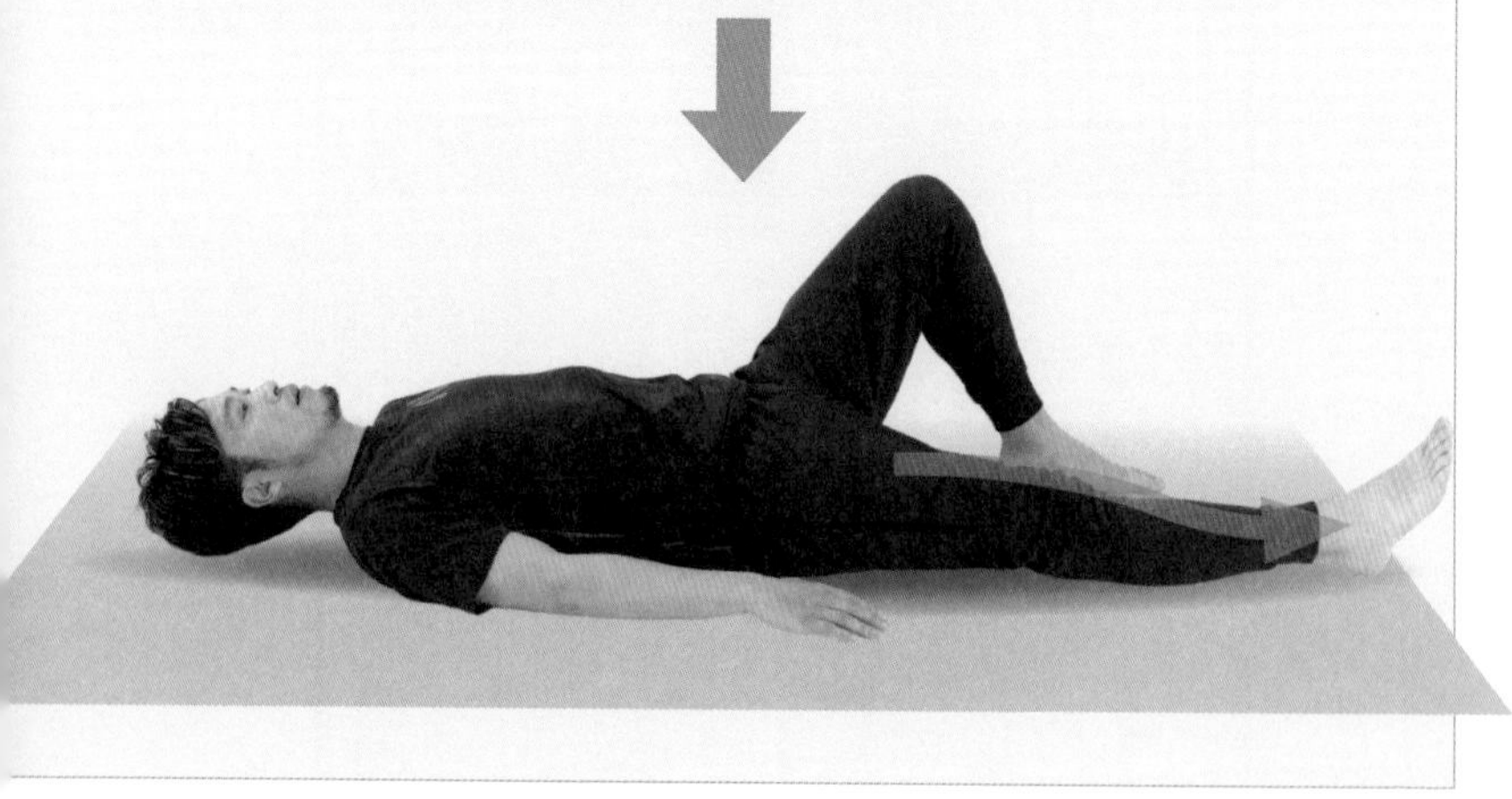

ひざを
外側に

ひざを外側に倒してから かかとを滑らせ、脚を落下

倒したひざは床に着かなくてもOK。倒しすぎて腰が浮かないように注意する。内側に倒す場合と同様、落下させるときは息を吐きながら一気に脱力すること。

※このページの実際の動きは170ページの二次元コード（動画0:11〜）で視聴できます。

脚を落とす2

片脚立ち

動画はこちら

1

くるぶしラインで立ち、片方のひざを上げる

片手でみぞおちを押さえる
太ももを床と平行になる高さまで上げる
足首は力まない

2

1の状態から、脚を落とす

息を吐きながら脱力し
脚を落下させる。
支えている側の脚の真横に
落下するように。

くるぶしから頭のラインが崩れないこと

動きのバリエーション

1
手で片脚の
足首をつかんで
引き上げる
両手で
つかむ
太ももを
床と平行になる
高さまで引き上げる
お尻の
筋肉が
伸びる
動画はこちら
2
手を放し、
足を床に
落とす

片脚立ちは競技動作においても頻繁に登場する動き。バランス保持の難易度が上がり、それゆえ力みが出やすく、力が抜きにくい姿勢でもあります。片脚立ちを用いる多くのトレーニングでは「フラつかないこと」が重視され、力んで固まっていても問題視されませんが、ここでは多少フラついてもいいので、いかに脱力して落下できるかにフォーカスしましょう。

ここをチェック

- うまく脱力できると、落下の際に背骨が引っ張られる感覚が出る
- うまく落下できると、力を入れていないのに足裏がかなり強く床に着地する

脚を落とす3

脚振り中の落下

片脚状態、かつ脚を振るという動作の中で脱力落下を使うためのトレーニングです。振り子のように脚を振るので、前後の最高到達点からは必ず落下の動きが生じ、そのタイミングで脱力できるかがポイントです。タイミングもバランスもかなり難易度が上がるので、むずかしい場合は壁や手すりを使ってください。さらに脱力落下した直後に、ほんの少しだけ力を足して脚の振りを加速させられるとかなりハイレベルです。

動画はこちら

1 みぞおちを押さえ、片脚を前後に大きく振る

くるぶしラインで立ち、
脚の付け根＝みぞおち
と思って大きく脚を振る。

振る脚と同じ側の手で
みぞおちを押さえる
自由になる
ほうの腕は
固定しない
振る側の
足首は
リラックス

2

1のまま、しばらく脚を振り続ける

腕も脱力しながら振る。
うまくできると
みぞおちが大きく動く。

ここをチェック

- うまく脱力できると、脚の振りと一緒に肋骨も動く感覚が出る
- うまく落下できると、力を入れていないのに脚の振りが加速される感覚が出る

下半身を落とす

逆みぞおち抜き

動画はこちら

1

両脚を垂直に上げる

つま先まで垂直に立てる。

✔つま先はできるかぎり高く上げる

✔両腕は軽く支える程度

あえて力みが強くなりやすい状態＝両脚を上げて背骨と脚の位置を逆にする姿勢をつくって行います。

逆方向から重力がかかる中で身体をまっすぐなラインに保持することはふだんよりも難易度が高く、この状態で脱力ができると実際の競技中にラクに身体を扱えます。特に下半身を支える位置にある背骨をいかに急激に抜けるかがポイントです。

2 背骨を抜き、両脚を落とす

弧を描くように
“下ろす”のではなく“落とす”こと。
息を吐きながら背骨を脱力し、
脚をたたむようにして落下させる
(ひざが顔にあたらないように注意)。

背骨を抜くことで
脚が落下
ひざはたたむ

ここをチェック

- できるだけつま先を高く伸ばすと、まっすぐな姿勢をつくりやすい
- うまく落下できると、力を入れていないのに足裏がかなり強く床に着地する

最後はこの姿勢

背中・腰・お尻の順に落下させ最後に足が着地。「バタン」と音がするぐらい勢いよく落とす。

全身を落とす

カットフォール

動画はこちら

1 くるぶしラインで立つ

最後は全身での落下です。肩も背骨も脚も、すべて同時に急脱力し、全身で落下します。

　繰り返していくと、「いつでも落下できる状態の立ち方」がわかってくると思います。その立ち方(状態)が、あなたの脱力スキルを発揮しやすい状態です。

　外見を追いかけた立ち方よりも、かなり動ける立ち方になっていると思います。この感覚の延長線上に競技動作の構えをつくるのはかなりおすすめです。

2 ひざを抜いて、一気にしゃがむ

「ひざカックン」されて崩れ落ちるように落下。
きっちりしゃがもうとすると力みが出やすいので、
はじめは尻もちをついてもOK。

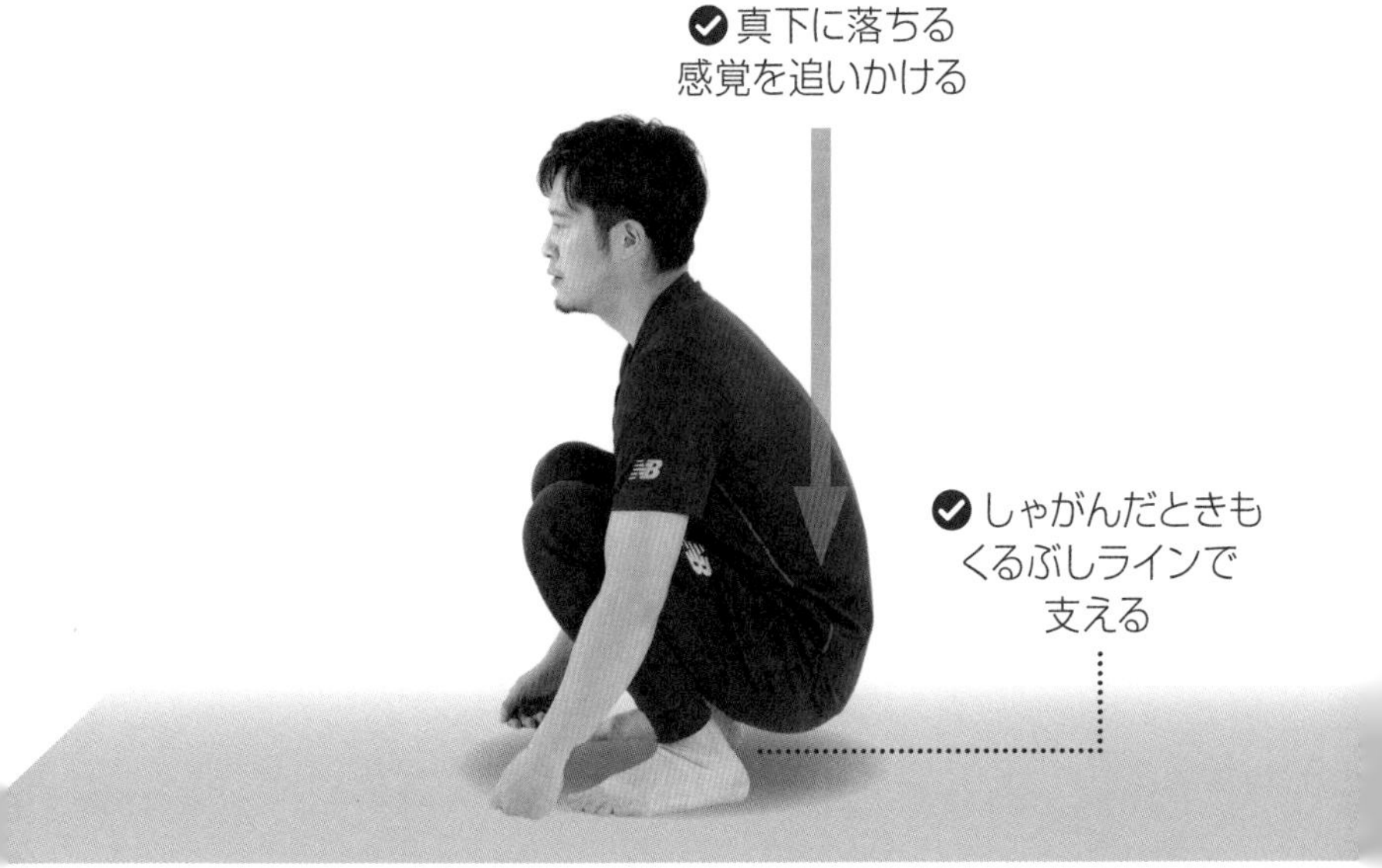
真下に落ちる
感覚を追いかける
しゃがんだときも
くるぶしラインで
支える

ここをチェック

- **落下の衝撃は
くるぶしラインと股関節で受ける（垂直落下）**
- **うまく落下できると、力を入れていないのに
かなりのスピードでしゃがむことができる**

トレーニングの頻度や回数より大切なこと

フェーズ0〜3の具体的なトレーニング方法を紹介しましたので、ここからは頻度や回数の考え方など、より基本的なことについて説明します。

まず**もっとも大切なことは「自分の感覚」**です。

「今よりもスムーズに力が抜ける感覚が得られるまで繰り返す／疲労や力みを感じたらストップ」という指標で行ってください。

脱力トレーニングは強度を高めて筋肥大することを目的としていないので、厳密な回数とセット数を設定する必要はありません。

回数を決めてしまうと、身体の感覚よりも回数を追いかけてしまい、脱力の感覚を探す精度が落ちやすくなります。

もし、ある程度の客観的な設定が必要な場合は、「60秒間自分のペースで繰り返す」というように、時間で区切るようにしましょう。

続いて頻度についてです。

私がプロ選手に指導する際の設定頻度は、**1日に12回**です。概《おおむ》ね**1時間から30分に1セット行う計算**です。1日に1回だけ20分行うよりも1分を20回行うほうが効果的だと感じています。

これには本書で繰り返し述べてきたパターンが関係しています。

パターンは動き方のクセとお伝えしたとおり、知らず知らずのうちにでき上がります。ということは、知らず知らずのうちに「高頻度で」繰り返してきた動き方がパターン化して身体に刻み込まれているともいえるのです。

こういう理由で、パフォーマンスを上げる＝パターンを変えるためにカギとなるのが頻度なのです（柔軟性の向上にも同じ考え方が当てはまります）。

プロ選手がパフォーマンスを上げるために1日に12回やっているのだから、自分は5回でいいと考えるのか、プロ選手が12回なら自分はもっとやらないと、と考えるのかはお任せしますが、とにかく継続できる頻度にしましょう。

「継続は力なり」という言葉がありますが、パフォーマンスを上げるには、「継続しか力にならない」ということを忘れないでください。

▼「脱力トレーニング」は呼吸が大事

脱力トレーニングでは呼吸をとても重要視します。**呼吸は「自律神経」と深い関係にあり、自律神経は緊張・脱力と深い関係があるからです。**

自律神経とは、身体の自動的な制御システムです。心身の状態や環境に合わせて、多くの身体機能を自動調整します。自律神経は2種類あります。

- **交感神経：戦う、つまり心身が緊張する状態を自動的につくる。興奮やストレス状況で活発になる**
- **副交感神経：心身が休息・回復のための状態を自動的につくる。食事や睡眠時に活発になる**

両者は互いに拮抗して作用するので、片方が働くともう一方は抑制されます。交感神経が主役のときは、副交感神経は脇役になり、その割合は心身の状態や環境に合わせて自動的に切り替わっていきます。

このバランスが崩れてしまうと、夜眠れなくなるなど心身の不調を引き起こすこともあります。そういう理由から、人間が高いパフォーマンスを発揮するときのバランスはある程度決まっています。

重要なことは、こういった**自律神経の働きが呼吸と影響関係にある**ということです。それゆえ、呼吸法は武道やスポーツの世界で重要視され、多種多様な呼吸法が存在してきました。

もちろん、脱力スキルと呼吸も非常に深い関係にあることを理解しておいてください。

呼吸のポイントは、

■**脱力トレーニングでは空気を鼻から吸って口から吐く**

■**吐くときは唇をすぼめて「プー」と吐き出す。吐くときに頬が大きく膨らんだらう**

まくできている。できるだけ長く吐くこと

■人間の身体は吐くときに力を抜きやすいようにできているので、各フェーズの脱力するシーンで吐くようにする

■力みがなかなか抜けないときは、「プー」の圧が強すぎるので、少し弱めに調整する

呼吸法には腹式や胸式などさまざまありますが、脱力トレーニングはフェーズ0で紹介した「腰腹呼吸」で行います（トレーニングのいくつかは背中と胸を膨らませる「背胸呼吸」で行うものもあります）。

腰腹呼吸がうまくできているかどうかは、脱力スキルのレベルを大きく左右しますので、継続して取り組んでください。

「脱力トレーニング」を効果的に行うには？

最後に、ここまで読み進めていただいた方にお願いです。

これまでやってきたトレーニングと脱力トレーニングを、切り分けないでほしいのです。

今日はパワー型、明日は脱力、という形ではなく、**常に脱力できる瞬間を探していてください。**

力んでいる自分に気づいてください。もちろん本書で紹介している脱力トレーニングを集中して行うことは大切ですが、ほかのトレーニングや練習中に脱力を忘れてしまっていては台無しです。

すべての動作に脱力スキルというフィルターをかけるイメージで、さまざまなトレーニングをはじめ、練習中、試合中、日常で、常に脱力できるタイミングを見つけてみましょう。

脱力トレーニングだけでなく、すべての動作において脱力する練習を積み重ねることで、これまで**あなたのパフォーマンスを邪魔してきた力みが出やすい動作パターンは、着実に変わっていきます。**

私の経験上、おそらく多くの人が飽きたり忘れたりして、「脱力フィルター」は継続できないと思います。

しかし、本気でパフォーマンスを上げようと決意している人はきっとやれるはずです。時間をかけてでもパフォーマンスが上がる人は必ずそういう「しつこさ」を持っています。

その**しつこさこそが脱力スキルの本質であり、成果を出せる人の本質**だと思います。

いくら脱力を意識しても、身体や動きはそんなに簡単には変わりません。すぐに、簡単に変わるといった謳い文句を使うトレーニング方法は多いですが、私たちの身体と動きにはパターンがあるので、簡単には変わりません。すぐに変わったように見えるものは、すぐに元に戻るのです。

しかし時間をかけ、自分と向き合いながら積み上げた結果として得た脱力スキルは、あなたのパフォーマンスを確実に成長させてくれるはずです。

COLUMN

「正しい動き」ばかりトレーニングするとケガをする

正しい走り方、正しいフォーム、正しい身体の使い方など、「正しい○○」という表現を目にしたことがある人は多いと思います。

もちろん重要な視点ではあるのですが、しかしそれを盲信的に追いかけてしまうと、競技によってはうまくパフォーマンスが上がらない、場合によってはケガを引き起こすことにもつながります。

フィギュアスケートや陸上競技であれば、正しいフォームをはじめとした正しい○○を追求することは合理的です。練習で培った動きをいかに本番で発揮できるかが勝敗を決めるからです。

自分の動きを誰からも邪魔されないことが保証されている、こういう特性を持つ競技を「非対人競技」と呼びます。

それに対して、サッカーやラグビー、テニスはどうでしょうか。必ず対戦相手がこちらの動きを邪魔してきますし、こちらも相手の動きを邪魔しなければ勝てません。

つまり相手の動き方次第で自分の動き方を変えなければなりません。こういう競技を「対人競技」と呼びます。

対人競技において自分が思ったように動ける、自分の動き方を意識できる、〝正しいフォーム〟を追いかける余裕がある——そのような場面ははたして一試合の中でどれくらいあるでしょうか？

COLUMN

「動きの汎用性」に目を向けてみる

本書で繰り返し述べていますが、人間が効率よく動くには（高いパフォーマンスを発揮するには）、力を入れるべき部位が存在します。要するに、走ったり踏ん張ったりするなど、大きなパワー・スピードを発揮するときに使うべき部位です。

この部位が、しっかり働くことで力の伝達や連動性を高める作用があり、だからこそ脱力がやりやすくなります。

対人競技で活躍できる選手は、対戦相手とのせめぎ合いの中で自分の体勢が崩れそうになっても、これらの部位を使うことができます。

もしくは身体を固めずに素早く体勢を立て直すことができます（リロードといいます）。

こういった動きは当然力んでいてはできませんので、高い脱力スキルに裏打ちされたパフォーマンスです。

そこで対人競技をやっている選手が、トレーニングで〝正しい動き〟や〝正しいフォーム〟ばかり追いかけていると、それが叶わないような状況に追い込まれたときに、強い力みが出てしまう状況になります。無理な体勢や状態からやみくもに動こうとするので故障をするリスクが高まってしまうのです。

そうならないために、トレーニングでは動きや形の「正しさ」以上に、「動きの汎用性」（広くいろいろな方面に用いることができる）を高めるという視点が大切です。

動きの汎用性を高めるトレーニングの内容については、本書とは別にご紹介する機会を持ちたいと思いますが、さまざまな状況で動ける身体をつくる基礎として脱力スキルが重要になることは確実です。

おわりに

私はプレーヤーとしては長らく野球をやってきました。ポジションは投手です。多くの野球少年たちと同様、プロ選手を目指しましたが、挫折しました。

野球以外の、筋トレなどのトレーニングは、誰にも負けないといえるぐらいやっていました。少なくともチーム内では断トツです。

それでも、肩とひじを中心に非常に多くのケガに見舞われ、大学野球で投手というポジションを離れるまで、繰り返し繰り返しケガをする選手でした。

特に中学生の頃に始まった肩の痛みには本当に長い間悩まされ、当時のスポーツ整形外科や整骨院、整体にはかなり通いました。

しかし私の肩は簡単には治らず、結局（原因はよくわからないから）「とにかく筋肉を鍛えなさい」という方針のもとに、私は〝肉体改造〟を繰り返し、当時の表現でいうところの「筋肉の鎧」を手に入れました。

それでもやはり改善はされず、高校で野球を続けるか迷っていた入学前の春休み、偶然、書店で手に取った本から「インナーマッスル」という概念に出合います。聞いたことのない言葉でした。

もちろん中学生ですから、読めない専門的な漢字もありましたし、解剖学的な知識もないので、わからないことだらけでした。

それでも、今までのトレーニングにはない期待を抱かせるものでしたし、「ルーズショルダー」といわれる症状はほとんど自分に当てはまるものでした。

そのトレーニングに期待する意味も込めて、私は野球を続けることを決意します。

その本には、すごく低い負荷でトレーニングしないと肩の深部にあるインナーマッスルと呼ばれる筋肉はうまく鍛えられないとありました。

大きな力を入れてはいけないトレーニングは、私が長らくやってきた「全力パワーで鍛える」スタイルとは真逆でした。

インナーマッスのトレーニングにはとても薄くて弱いチューブ（今でいうイエローバンド）を使う必要があるとされていましたが、当時はどこを探しても一般の中学生では巡り会えず、仕方なく私は自転車の車輪のチューブを縦に細く切り、牛乳パックで取っ手をつくってオリジナルの練習道具を作成しました。

今でいう「ローテーターカフトレーニング」「ローカルマッスルトレーニング」です。

自分の期待どおりというか、ほぼ独学でやったにしては幸運なことに私の肩は非常に良い反応を見せてくれました。

もちろん投げ方に根本的な問題があったため、十分ではありませんでしたが、それでもケガに苦しんでいた当時の私にとっては救世主のようなトレーニングでした。

「もっと早く出合いたかった」。心からそう思いました。

その後、教育やバイオメカニクス、そして医療分野を経験して今に至っています。当時、どれだけ探しても見つからなかったイエローバンドは今では誰でも簡単に買えるようになり、インナーマッスルのトレーニングはめずらしいものではなくなりました。

＊

世の中には多種多様なトレーニング方法があふれていますが、脱力という概念が中心に置かれたトレーニング体系は、まだまだ不十分だと感じています。

脱力は決して新しい考え方ではなく、実はずっと昔から武道の達人やトップアスリートがその重要性を説き続けてきた高等技術です。

しかし、それはいわゆる〝センス〟という位置づけで、トレーニング方法として扱われることはほとんどありませんでした。

脱力スキルという概念、そして脱力トレーニングは、脱力という身体現象を中心として、それに関与する身体操作を体系化したメソッドです。

「力を入れることは得意なのに力を抜くことが苦手」という課題を抱えた選手、力をうまく抜けないことでケガをしたりパフォーマンスが上がらなかったりする選手があまりにも多いことに問題意識を感じて構築しました。

これまで多くのプロ選手が脱力スキルを高めることでケガの悩みから解放され、パフォーマンス向上に役立ててくれていますので、ぜひ本腰を入れて取り組んでみてください。きっと新たな可能性に出合えます。

本書を手に取ってくださった方にとって、「あのとき脱力スキルに出合って良かった」と思ってもらえるような知恵になっていくことを願っています。

最後になりましたが、本書を執筆・出版するにあたり支えていただいた多くの方々に心より感謝申し上げます。

中野 崇

【著者紹介】

中野　崇（なかの・たかし）

◉――スポーツトレーナー。フィジカルコーチ。理学療法士。株式会社JARTA international 代表取締役。

◉――1980年生まれ。大阪教育大学教育学部障害児教育学科（バイオメカニクス研究室）卒業。2013年にJARTAを設立し、国内外のプロアスリートへの身体操作トレーニング指導およびスポーツトレーナーの育成に携わる。イタリアのトレーナー協会であるAPF（Accademia Preparatori Fisici）で、日本人として初めてSOCIO ONORATO（名誉会員）となる。イタリアプロラグビーFiamme oroコーチを務める。また、東京2020パラリンピック競技大会ではブラインドサッカー日本代表フィジカルコーチとして選手を支えた。

◉――YouTubeをはじめとするSNSでは、プロ選手たちがパフォーマンスを高めるために使ってきたノウハウを一般の人でも実践できる形で紹介・発信している。

［YouTube］ youtube.com/@JARTAnakano
［Instagram］ tak.nakano
［X］ @nakanobodysync

最強《さいきょう》の身体能力《しんたいのうりょく》　プロが実践《じっせん》する脱力《だつりょく》スキルの鍛《きた》え方《かた》

2023年12月4日　第1刷発行
2024年9月26日　第6刷発行

著　者――中野　崇
発行者――齊藤　龍男
発行所――株式会社かんき出版
東京都千代田区麴町4-1-4 西脇ビル　〒102-0083
電話　営業部：03(3262)8011㈹　編集部：03(3262)8012㈹
FAX　03(3234)4421　　振替　00100-2-62304
https://kanki-pub.co.jp/

印刷所――ベクトル印刷株式会社

ISBN978-4-7612-7704-8 C0030